DON
BOSCO

Elke Gulden • Bettina Scheer

3 Minuten Fitness

Spiele für zwischendurch in Kita und Schule

DON BOSCO

Gerne nehmen wir Ihre Anregungen, Wünsche, Kritik oder Fragen entgegen:
Don Bosco Medien GmbH, Sieboldstraße 11, 81669 München
anregungen@donbosco-medien.de
Servicetelefon: (0 89) 4 80 08-3 41

Bibliografische Information der Deutschen Nationalbibliothek

Die Deutsche Nationalbibliothek verzeichnet diese Publikation in der Deutschen Nationalbibliografie; detaillierte bibliografische Daten sind im Internet über http://dnb.d-nb.de abrufbar.

1. Auflage 2013 / ISBN 978-3-7698-1980-9

www.donbosco-medien.de
Umschlag und Layout: ReclameBüro, München
Illustrationen Innenteil und Grafiken: Martina Spanka, Datteln
Notensatz: Nikolaus Veeser, Schallstadt
Lektorat: UNGER-KUNZ. Lektorat und Redaktionsbüro, Undorf
Satz und Produktion: Don Bosco Druck & Design, Ensdorf

Inhalt

Vorwort

Alle gesunden Kinder haben ein natürliches Bedürfnis, sich zu bewegen. Insbesondere in den Kleinkinder- und ersten Kinderjahren erkunden und entdecken sie die Welt durch Bewegung. Wahrnehmung und Motorik sind dabei untrennbar miteinander verbunden. Zahlreiche Studien haben nachgewiesen, wie eng Bewegungserziehung und Intelligenzentwicklung miteinander verknüpft sind.

Die Bewegungserziehung stellt jedoch darüber hinaus auch aus gesundheitlichen und aus sozial-psychischen Gründen eine der wichtigsten Säulen in der kindlichen Entwicklung dar: Bewegung reguliert das Essverhalten und den damit einhergehenden Kalorienverbrauch, sie steuert den Muskelaufbau, begünstigt die Entwicklung der damit verbundenen notwendigen Stützkraft und beugt so auch Haltungsschäden vor. Des Weiteren ist Bewegung ein wichtiges Ventil zum Abbau von Stress und Aggressionen.

Obwohl all diese wichtigen Argumente für eine altersgerechte Bewegungserziehung bekannt sind, nehmen die motorischen Fähigkeiten unserer Kinder, also die Koordinationsfähigkeit und Kondition, immer weiter ab, und gleichzeitig wird den Freizeitbeschäftigungen im Sitzen, wie z. B. dem Fernsehen und den Computerspielen, immer mehr Zeit eingeräumt.

Dieses Buch enthält eine Sammlung von Spielen, welche die Kondition bzw. Fitness der Kinder verbessern helfen. Insbesondere im Kindergartenalter geht es dabei aber nicht um eine Spezialisierung von Bewegungsabläufen. Das Ziel ist vielmehr, den Kindern mit diesen Spielen ein möglichst breit gefächertes Angebot an Bewegungsmöglichkeiten anzubieten. Dabei muss natürlich der Spaß immer an erster Stelle stehen.

Oftmals wird der Begriff „Kondition" bzw. „Fitness" in der Praxis ausschließlich mit „Ausdauer" gleichgesetzt. Er beinhaltet aber noch drei weitere Grundfertigkeiten, nämlich Kraft, Schnelligkeit und Beweglichkeit:

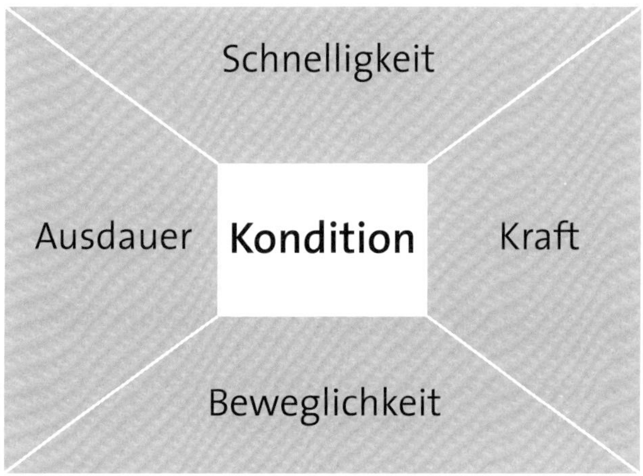

- **Schnelligkeit** umfasst sowohl die Reaktions- als auch die Bewegungsschnelligkeit. Unter Reaktionsschnelligkeit wird die Fähigkeit, auf einen äußeren Reiz so schnell wie möglich zu reagieren, verstanden, während die Bewegungsschnelligkeit die Fähigkeit bezeichnet, eine Bewegung in der kürzestmöglichen Zeit auszuführen.

- **Ausdauer** beschreibt sowohl die Fähigkeit, eine sportliche Belastung über einen möglichst langen Zeitraum hinweg ohne Ermüdungserscheinungen aufrechtzuerhalten als auch die Fähigkeit, sich im Anschluss an diese Belastung in möglichst kurzer Zeit wieder zu regenerieren.

  Man unterscheidet dabei zwischen aerobem und anaerobem Ausdauertraining. Aerob bedeutet, dass der Körper während der sportlichen Betätigung genügend Sauerstoff zur Verfügung stellt. Sauerstoffgewinnung und Sauerstoffverbrauch befinden sich in einem Gleichgewicht. Bei anaerober Belastung hingegen steht nicht genügend Sauerstoff zur Verfügung. Dieses Defizit versucht der Körper dann durch die Produktion von Milchsäure auszugleichen.

  Anaerobes Training ist bei Kindern bis zur Pubertät grundsätzlich zu vermeiden. Empfehlenswert sind deshalb für diese Altersgruppe lediglich sehr kurze Sprints, wie sie z. B. bei Staffelläufen vorkommen, also mit einer Distanz von 20 bis maximal 40 m, die ohne die Notwendigkeit zur Überwindung von Steigungen auskommen.

- **Kraft** wird im Sportbereich in zwei unterschiedliche Kategorien eingeteilt, und zwar in die absolute und die relative Kraft. Dabei ist die absolute Kraft die Maximalkraft, die ein Muskel aufgrund seiner Anatomie entwickeln kann. Die relative Kraft bezeichnet dagegen die Kraft, die jemand im Verhältnis zu seinem Körpergewicht entwickeln kann.

  Krafttraining im Kindesalter galt noch bis vor wenigen Jahren als gefährlich und schädlich für die körperliche Entwicklung der Kinder. Neue Forschungsstudien widerlegen diese Ansicht jedoch. Im Kindergartenalter bedeutet Krafttraining ein Sich-Messen an Gleichaltrigen. Rauf- und Ringspiele ohne zusätzliche Widerstände, die insbesondere bei den Jungen einem Grundbedürfnis entgegenkommen, sind hierfür besonders geeignet. Aber auch das Klettern über diverse Hindernisse im Freien oder beim Turnen im Innenbereich sowie das Ausführen verschiedener Sprungarten gehören in den Bereich des Krafttrainings.

- **Beweglichkeit** beschreibt im deutschen Sprachgebrauch die Fähigkeit, Bewegungen mit der maximal möglichen Schwingungsweite auszuführen. Eng damit verbunden sind das Dehnen und das Stretchen. Im Englischen dagegen geht die Definition des entsprechenden Begriffs („agility") über diese Bereiche hinaus und beinhaltet auch die Fähigkeit, Richtungen zu wechseln, ohne dabei an Geschwindigkeit und Körperkontrolle zu verlieren. Typische Verfolgungs- und Fangspiele gehören damit ebenso zum Beweglichkeitstraining wie gymnastische Aufwärmübungen.

Für die kindliche Entwicklung ist ein regelmäßiges und abwechslungsreiches Bewegungsangebot ideal. Daher beinhaltet dieses Buch viele verschiedene, aber vor allem altersgerechte Spiele, die den Kindern Spaß machen und gleichzeitig ihre konditionellen Fähigkeiten verbessern.

Laufspiele

Löwen auf Jagd

Förderbereich:	Ausdauer
Gruppengröße:	beliebig
Material:	1 bis 2 Langbänke, 4 Pylonen, 1 Kasten

Aufbau und Aufstellung:
Die vier Pylonen werden so in den vier Ecken des Raumes platziert, dass die Kinder hinter ihnen um sie herumlaufen können. Die beiden Bänke werden, wie in der Skizze angegeben, längsseitig hintereinander in der Mitte des Raumes aufgestellt. Der Kasten steht an der Kopfseite der Bänke, und zwar in der Mitte der Laufbahn zwischen zwei Pylonen.
Jedes Kind stellt sich einzeln am Startpunkt der Laufbahn auf.

Spielablauf:
Die Kinder sind hungrige Löwen, die sich auf die Suche nach ihrem Frühstück machen. Dabei gehen sie zunächst zügig im oder gegen den Uhrzeigersinn auf der Laufbahn entlang. Haben sie den Kasten erreicht, dann wittern sie eine Spur und beginnen zu joggen. Wenn sie sich bei der Pylone in der unteren linken Ecke des Raumes befinden, entdecken sie ihre Beute und jagen diese in schnellem Lauf, bis sie wieder am Startpunkt angekommen sind. Auf diese Weise sollte der Raum mehrere Male umrundet werden.

Tipp:
Die Kinder haben besondern Spaß, wenn sich die Spielleitung am Ende des Laufparcours positioniert und sie deren Hand – gleichsam als symbolisches Erlegen der Beute – abklatschen können.

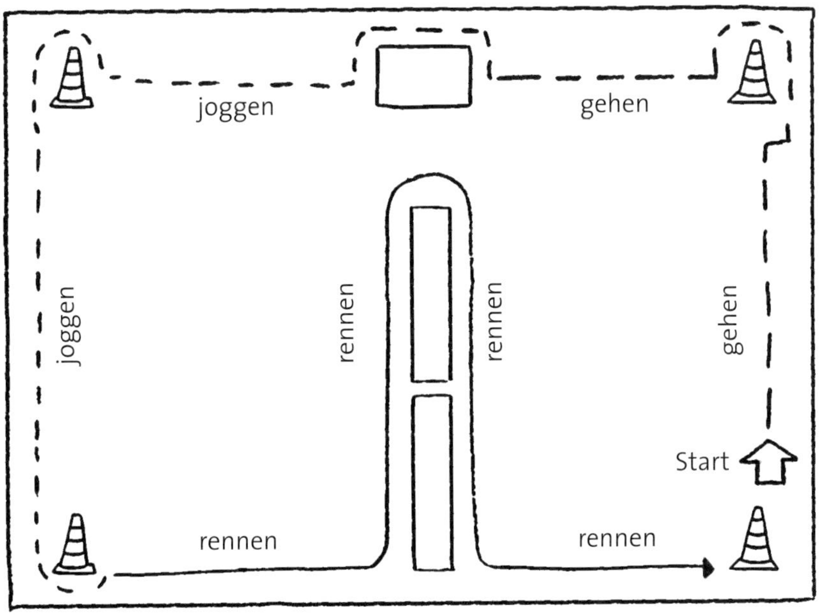

Hilfe! Die Tiger sind los!

Förderbereich:	Schnelligkeit
Gruppengröße:	beliebig
Material:	1 Softball, 1 Reifen, 3 Pylonen

Aufbau und Aufstellung:
In drei Ecken des Raumes wird jeweils eine Pylone so platziert, dass die Kinder hinter ihr bequem vorbeilaufen können. Der Reifen wird in die Mitte des Raumes gelegt.
Alle Kinder bis auf drei stellen sich in der Ecke des Raumes auf, in der sich keine Pylone befindet. Das Kind, welches dem Beginn des Laufparcours am nächsten steht, erhält den Softball. Diese Kinder sind die Tiger, die es ausgenutzt haben, dass ein unvorsichtiger Zoowärter die Tür ihres Käfigs offen gelassen hat. Sie möchten nun durch den Zoo laufen und die Besucher erschrecken. Die drei verbleibenden Kinder spielen dagegen die unerschrockenen Tigerfänger und stellen sich dazu innerhalb des Spielfelds auf, das von den drei Pylonen begrenzt wird.

Spielablauf:
Zu Anfang wirft das Kind aus der Tigergruppe, das den Ball hält, diesen in das Spielfeld. Alle anderen Tiger starten nun zu ihrem Lauf um das Spielfeld herum, wobei sie die Pylonen umrunden müssen. Währenddessen versuchen die drei Zoowärter in der Spielfeldmitte, den Ball zu fangen. Ist dies einem von ihnen gelungen, dann laufen alle drei zu dem Reifen und stellen sich außerhalb von diesem hintereinander auf. Das Kind mit dem Ball steht dem Reifen dabei am nächsten und gibt den Ball nun über seinen Kopf hinweg an den hinter ihm stehenden Wärter weiter, und dieser auf die gleiche Weise an den dritten. Dann wird der Ball durch die Beine des Vordermannes zurück zu dem ersten Wärter gegeben, der ihn nun in den Reifen wirft. Alle Kinder, denen es in der Zwischen-

zeit gelungen ist, das Spielfeld zu umrunden, stellen sich wieder auf ihrer Startposition auf. Die anderen Kinder begeben sich dagegen in das Spielfeld und helfen den Zoowärtern bei der nächsten Runde auf die eben beschriebene Weise, die verbliebenen entlaufenen Tiger wieder einzufangen. Das Spiel ist zu Ende, wenn sich nur noch drei Tiger in Freiheit befinden. Diese übernehmen dann beim nächsten Spieldurchgang die Rolle der Tigerfänger.

Tipp:
Steht nur ein kleines Spielfeld zur Verfügung, das schnell umrundet ist, dann kann die Ballweitergabe auch abgekürzt werden. In diesem Fall steht das Kind, das den Ball gefangen hat, am Ende der Reihe und reicht diesen gleich durch die Beine des Vordermannes nach vorne.

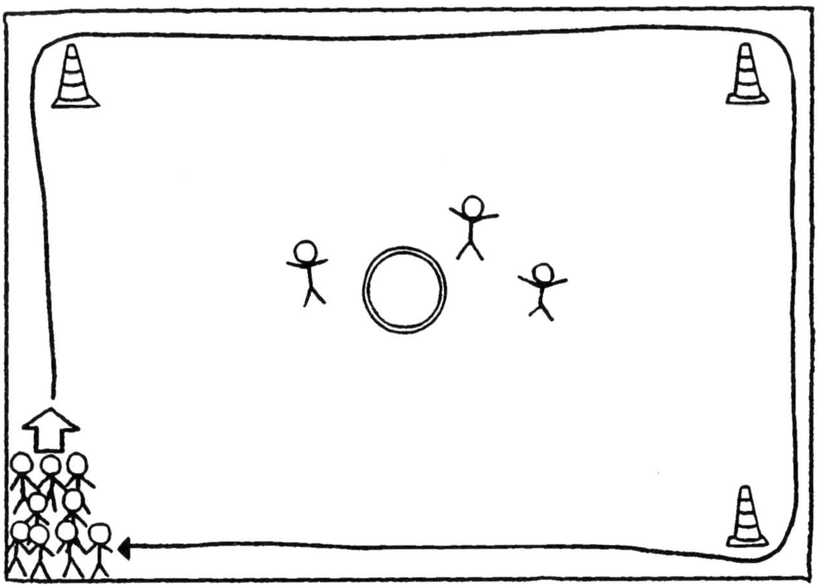

Der weiße Hai

Förderbereich:	Schnelligkeit
Gruppengröße:	beliebig
Material:	Softbälle (je mehr, desto schneller wird das Spiel), 2 Armbinden, evtl. Kreide, Kreppklebeband oder Seile

Aufbau und Aufstellung:
Alle legen gemeinsam die Begrenzung des Spielfelds fest, welches den Ozean darstellt. Sind am Boden keine dazu brauchbaren Markierungen vorhanden, kann das Feld – je nach Bodenbelag – mit Kreidestrichen, Kreppklebeband oder ausgelegten Seilen begrenzt werden.
Alle Mitspieler bis auf vier positionieren sich frei innerhalb des Spielfelds und stellen die Fische im Ozean dar. Zwei der verbleibenden Kinder spielen die weißen Haie und erhalten dazu als Kennzeichen je eine Armbinde. Sie stellen sich mitten unter den Fischen im Ozean auf. Die anderen beiden Kinder übernehmen die Rolle der mutigen Fischer, welche die Haie fangen wollen. Dazu positioniert sich jeder der beiden Fischer an einer der Längsseiten außerhalb des Spielfelds und erhält die Hälfte der zur Verfügung stehenden Softbälle.

Spielablauf:
Die Fischer versuchen, die Haie mit den Softbällen abzuwerfen. Gelingt es ihnen, einen Hai zu treffen, so scheidet dieser aus. Währenddessen jagen die hungrigen Haie ihrerseits die Fische. Wenn sie es schaffen, einen Fisch abzuklatschen, so gilt dieser als gefressen und scheidet ebenfalls aus. Das Spiel ist zu Ende, sobald entweder die Fischer die beiden Haie gefangen oder die Haie alle Fische gefressen haben.

Tipp:
Je nach Anzahl der mitspielenden Kinder kann die Zahl der Haie und Fischer natürlich erhöht werden.

Autoskooter

Förderbereich:	Kraft, Ausdauer, Beweglichkeit
Gruppengröße:	beliebig
Material:	1 Gymnastikball pro Kind, 10 Pylonen, CD-Player mit Laufmusik in einem Tempo von ca. 150 bis 160 bpm

Aufbau und Aufstellung:
An einer Wand des Raumes werden die zehn Pylonen so hintereinander aufgestellt, dass die Kinder im Slalom hindurchlaufen können.
Alle Mitspieler verteilen sich frei im Raum

Spielablauf:
Jedes Kind bekommt einen Gymnastikball, den es vor seinem Körper hält und so als Autoskooter-Wagen zur Musik frei durch den Raum läuft. Doch Vorsicht, wenn es zu Unfällen kommt! Wer seinen Ball – und damit seine „Gummi-Knautschzone“ – verliert, der muss erst einmal eine Führerscheinnachprüfung machen und dazu im Slalom durch die zehn Pylonen fahren. Erst wenn das ohne Berührung der Pylonen gelingt, gibt es den Gymnastikball zurück, und das Kind darf wieder auf das große Autoskooter-Fahrfeld.

Bunte Schneeflocken

Förderbereich:	Beweglichkeit, Ausdauer
Gruppengröße:	beliebig
Material:	viele bunte und weiße Watteböllchen, 2 große Schüsseln, CD-Player mit Laufmusik in einem Tempo von ca. 160 bpm

Aufbau und Aufstellung:
Ein Kind spielt die Schneekönigin und erhält dazu eine Packung weißer Watteböllchen. Zwei weitere Kinder spielen die lustigen Schneekönigin-Schwestern, die immer zu Scherzen aufgelegt sind.
Alle Mitspieler stellen sich frei verteilt im Raum auf.

Spielablauf:
Während die Musik spielt, laufen alle Kinder durch den Raum. Dabei lässt es die Schneekönigin schneien, indem sie ihre Watteböllchen auf dem Boden verteilt. Natürlich darf niemand auf die kleinen Schneeflöckchen treten. Die Schneekönigin-Schwestern hingegen spielen der Schneekönigin wieder einmal einen kleinen Streich und verteilen lustig die bunten Watteböllchen im Raum, denn sie haben die Schneeflocken einfach farbig gezaubert.
Doch zum Glück helfen die Kinder der Schneekönigin, ihre Flocken schnell wieder aufzusammeln, bevor es den Erwachsenen auf der Erde auffällt. Dazu sammeln sie alle Watteböllchen ein und bringen sie der Schneekönigin, farblich sortiert, in den beiden Schüsseln: die weißen Bällchen in der einen, alle anderen in der anderen Schale.

Der erlösende Gong

Förderbereich:	Ausdauer
Gruppengröße:	beliebig
Material:	1 Kasten, 1 Klangschale mit Schlägel

Aufbau und Aufstellung:
Auf dem in der Raummitte aufgestellten Kasten wird die Klangschale mit dem Schlägel platziert, die von zwei Wächtern strengstens bewacht wird. Dazu positionieren sich zwei Kinder auf jeweils einer Seite des Kastens. Alle anderen Mitspieler bewegen sich frei im Raum.

Spielablauf:
Ein Kind spielt den bösen Zaubermeister Mordeko von Mordekien, der versucht, alle Lebewesen einzufrieren. Wen immer er berührt, der erstarrt sofort zu Eis, d. h., die betreffenden Kinder bleiben auf der Stelle stehen. Sie können von dem Bann nur erlöst werden, wenn es einem anderen Kind gelingt, an den Wachen Mordekos vorbeizukommen und die Klangschale anzuschlagen. Klingt deren Ton durch den Raum, dann ist der Zauber gebrochen, und alle können sich wieder durch den Raum bewegen.

Tipp:
Die Anzahl der Wachen kann natürlich jederzeit erhöht werden.

Paketsortierung

Förderbereich:	Ausdauer, Schnelligkeit
Gruppengröße:	2 Teams mit jeweils 12 Kindern
Material:	2 Kästen, 2 Reifen, mindestens 100 Bausteine in runden und eckigen Formen

Aufbau und Aufstellung:
Auf einer Seite des Raumes werden die beiden Kästen und die Reifen aufgestellt. Die Kästen stehen dabei umgedreht, d. h. mit der Öffnung nach oben. Die Kinder werden in zwei Teams von je zwölf Mitspielern eingeteilt und positionieren sich auf der gegenüberliegenden Raumseite. Dort werden auch die Bausteine abgelegt. Dabei erhält jedes der beiden Teams die gleiche Anzahl von Bausteinen. Bei der Zuteilung spielt die Form der Bausteine keine Rolle.

Spielablauf:
Die Kinder helfen der Post beim Sortieren der Pakete. Dazu müssen alle eckigen Bausteine in einen der beiden Kästen, die runden Bausteine in einen der Reifen gelegt werden. Dabei darf aber jedes Mal nur ein Paket transportiert werden. Die Kinder müssen jedoch nicht nacheinander laufen, sondern können alle gleichzeitig helfen. Welches Team hat seine Pakete als erstes fertig sortiert?

Variante:
Etwas schwieriger wird es, wenn noch mehr unterschiedliche Formen ins Spiel kommen. Anstelle der dreidimensionalen Bausteine bieten sich dann jedoch Bilder an. So können z. B. auf Blanko-Memokarten Vierecke, Kreise, Dreiecke und Striche gemalt werden, die dann entsprechend zugeordnet werden müssen. Als Behälter im Raum bieten sich dann neben den Kästen und Reifen z. B. auch Pylonen und Seile an.

Tipp:
Werden die Symbole auf den Memokarten beispielsweise in zwei verschiedenen Farben gemalt und diese entsprechend an die Teams verteilt, dann lässt sich hinterher ganz leicht feststellen, welche Mannschaft einen Fehler bei der Zuordnung gemacht hat.
Hier können dann auch Fehlpunkte vergeben werden, die z. B. durch das Laufen einer zusätzlichen Runde im Raum ausgeglichen werden können. Natürlich muss diese Runde vom ganzen Team gemeinsam absolviert werden.

Sternenfangen

Förderbereich:	Ausdauer
Gruppengröße:	beliebig
Material:	1 Taschenlampe mit Blinkfunktion, CD-Player mit Laufmusik in einem Tempo von ca. 140 bpm

Aufbau und Aufstellung:
Für dieses Spiel wird ein Raum benötigt, der abgedunkelt werden kann. Ansonsten kann es leider nur bei düsterem Wetter gespielt werden. Der Raum wird aber nur so weit abgedunkelt, dass die Kinder sich gegenseitig noch gut sehen können.

Spielablauf:
Alle Kinder joggen zur Musik durch die Nacht. Leider ist der Himmel heute sehr bewölkt, doch manchmal haben sie Glück: Die Wolken schieben sich an einer Stelle auseinander, und ein Stern leuchtet wunderschön auf die Erde. Dieses Sternenfunkeln übernimmt die Taschenlampe, die dazu immer mal wieder – und

natürlich auch immer an einer anderen Stelle im Raum – aufleuchtet. Entdecken die Kinder den Lichtkegel, so laufen sie schnell dort hin und stellen sich in den Lichtkegel hinein. Geht das Licht wieder aus, dann laufen sie weiter im Raum herum.

Schneller als die Schwerkraft

Förderbereich:	Ausdauer
Gruppengröße:	beliebig
Material:	je 1 Chiffontuch pro Kind

Aufbau und Aufstellung:
Alle Mitspieler stellen sich frei verteilt im Raum auf. Dann erhält jedes Kind ein Tuch, das es sich vor die Brust legt.

Spielablauf:
Alle laufen nun so schnell durch den Raum, dass das Tuch dabei nicht herunterfällt.

Tipp:
Dieses Spiel kann auch mit Zeitungsblättern gespielt werden. Es ist deshalb auch unter dem Namen „Zeitungslauf“ bekannt.

Wäscheklammern fangen

Förderbereich:	Ausdauer
Gruppengröße:	beliebig
Material:	je 3 Wäscheklammern pro Kind, CD-Player mit Laufmusik in einem Tempo von ca. 160 bpm

Aufbau und Aufstellung:
Jedes Kind erhält drei Wäscheklammern, die es an seiner Kleidung befestigt. Dann positionieren sich alle frei verteilt im Raum.

Spielablauf:
Die Kinder laufen durch den Raum und versuchen, sich gegenseitig die Wäscheklammern „abzuluchsen“. Natürlich muss jede geklaute Klammer sofort wieder an der eigenen Kleidung befestigt werden.

Schere, Stein, Papier und Brunnen

Förderbereich:	Ausdauer, Schnelligkeit, Beweglichkeit
Gruppengröße:	beliebig
Material:	5 Reifen, 4 Armbinden in zwei verschiedenen Farben, und zwar im Verhältnis 3 : 1

Aufbau und Aufstellung:
Auf einer Seite des Raumes werden die fünf Reifen in einigem Abstand nebeneinander auf den Boden gelegt. Alle Mitspieler bis auf vier bilden Paare, die ihre Handinnenflächen aneinanderlegen und sich dadurch festhalten. Diese Paare stellen das Papier dar. Drei der vier verbliebenen Kinder spielen die Scheren und erhalten als Kennzeichen dafür die drei gleichfarbigen Armbinden. Das vierte Kind übernimmt die Rolle des Steins und erhält dazu die andersfarbige Armbinde.

Spielablauf:
Die Scheren sollen nun versuchen, die Kinderpaare, die das Papier darstellen, „durchzuschneiden", indem sie sie fangen. Haben sie eines der Kinder berührt, dann trennt sich das betreffende Paar, und jedes der beiden Kinder läuft nun als kleiner Papierschnipsel alleine durch den Raum. Gelingt es einer Schere, eines dieser einzelnen Kinder zu fangen, dann fällt der Papierschnipsel in den Brunnen, der durch die fünf Reifen symbolisiert wird.
Die Aufgabe des Steins ist es, den Scheren ihre Schärfe zu nehmen. Sobald der Stein eine Schere berührt hat, wird diese stumpf und damit unbrauchbar. Sie scheidet daher aus dem Spiel aus.
Das Spiel ist zu Ende, wenn entweder alle Papierschnipsel in die Brunnen gefallen oder alle Scheren stumpf geworden sind.

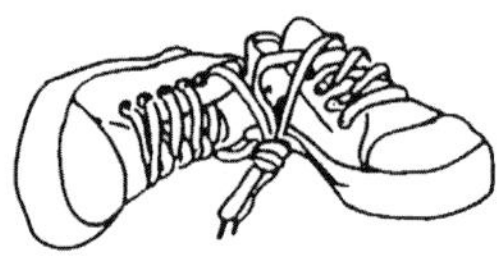

Piraten!

Förderbereich:	Ausdauer, Schnelligkeit
Gruppengröße:	2 Teams mit jeweils 11 Kindern, 2 weitere Kinder
Material:	6 Reifen, 2 Langbänke, 1 Kasten, Bausteine, 1 Klangschale, 1 Trillerpfeife

Aufbau und Aufstellung:
Drei der Reifen werden in einer Reihe mitten im Raum ausgelegt. An den beiden Längsseiten des Raumes wird je eine Langbank parallel zur Wand aufgestellt. Hinter einer dieser Langbänke befinden sich die anderen drei Reifen. An einer der Stirnseiten des Raumes wird der Kasten positioniert, dabei zeigt seine Öffnung nach oben. Er symbolisiert das Schiff und enthält die Ladung Bausteine.
Die Kinder bilden zwei Teams, die Piraten und die Matrosen. Zwei weitere Kinder übernehmen die Rolle der Polizisten. Die Piraten legen sich hinter der Langbank mit den drei Reifen auf die Lauer, die Polizisten hinter der anderen Langbank. Die Matrosen stellen sich an der dem Kasten gegenüberliegenden Stirnseite des Raumes auf.

Spielablauf:
Die Aufgabe der Matrosen ist das Löschen der Schiffsladung. Sie laufen dazu zu ihrem Schiff und holen pro Matrose jeweils einen Baustein. Diese Bausteine werden dann in den drei Lagerhallen, d. h. in drei der sechs Reifen, deponiert. Nach circa eineinhalb Minuten ertönt die Klangschale als Startsignal für die Piraten. Die Matrosen flüchten sofort und laufen zu ihrer Ausgangsposition zurück. Die Piraten dagegen schaffen nun die Ware aus den Lagerhallen in ihre drei Räuberhöhlen, also in die anderen drei Reifen. Dabei darf jeder Pirat je zwei Bausteine transportieren.

Nach circa 15 Sekunden trifft die Polizei ein. Ihr Ankommen wird durch die Trillerpfeife signalisiert. Die beiden Polizisten versuchen, die Piraten zu fangen. Gelingt es ihnen, einen Piraten zu erwischen, so wird dieser ins Gefängnis gebracht, welches durch die Bank auf der Polizeiseite dargestellt wird. Aber natürlich geben die Piraten nicht so schnell auf und versuchen so lange wie möglich, die Schiffsfracht zu stehlen. Das Spiel ist beendet, wenn entweder alle Piraten gefangen genommen wurden oder sich alle Bausteine in den Piratenhöhlen befinden.

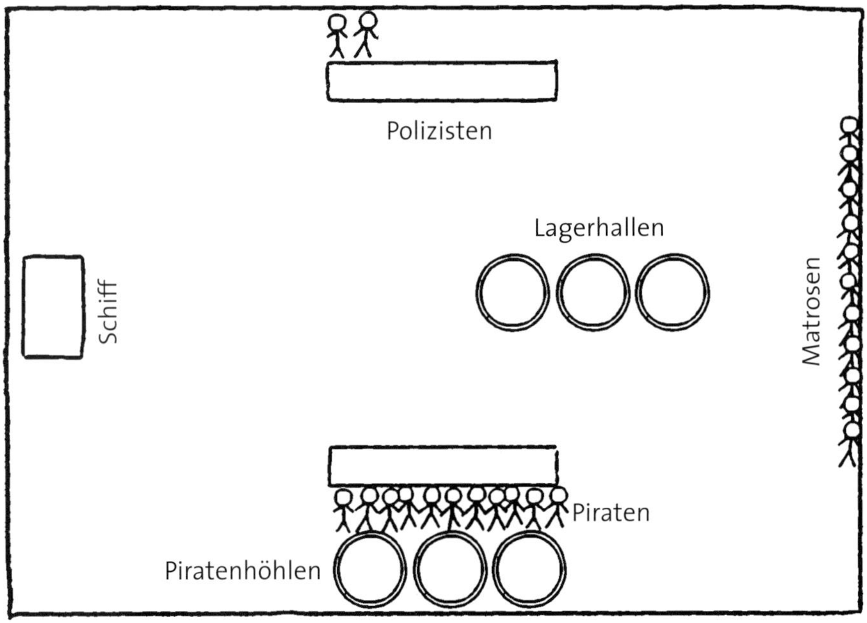

Roulette

Förderbereich:	Ausdauer
Gruppengröße:	4 Teams mit jeweils 6 Kindern
Material:	4 dünne Matten, 4 Tücher in vier verschiedenen Farben, CD-Player mit Laufmusik in einem Tempo von 150 bis 160 bpm

Aufbau und Aufstellung:
Die Matten werden in einigem Abstand nebeneinander an eine Seite des Raumes gelegt. Auf jeder Matte liegt ein Tuch, das die Farbe der Matte angibt. Die Kinder werden in vier Teams eingeteilt, die sich zunächst in den vier Ecken des Raumes positionieren. Die Hände der Kinder sind zu einer Schlange gefasst.

Spielablauf:
Während die Musik spielt, laufen alle Kinder durch den Raum. Irgendwann dreht sich die Spielleitung um, sodass sie mit dem Rücken zu den Kindern steht, und stoppt die Musik. Dann zählt sie langsam und laut bis drei. Währenddessen entscheidet sich jedes Kind für eine der Matten und stellt sich darauf. Anschließend ruft die Erzieherin eine der vier Tuchfarben. Kinder, die auf die falsche Farbe gesetzt haben, verbleiben in ihrer Spielstufe. Die Kinder, die sich für die Matte mit der genannten Farbe entschieden haben, haben Glück gehabt und erreichen die nächste Spielstufe. Anstatt zu laufen, hüpfen sie nun durch den Raum, bis die Musik erneut stoppt, die Spielleitung wieder bis drei zählt und eine der vier Farben nennt. Erwischt ein Kind erneut die richtige Farbe, so durchquert es den Raum das nächste Mal im Seitgalopp. Gewonnen hat das Kind, das als erstes dreimal richtig getippt hat.

Polizei jagt Einbrecher

Förderbereich:	Ausdauer
Gruppengröße:	2 Teams mit jeweils 12 Kindern
Material:	2 Langbänke, Seile

Aufbau und Aufstellung:
Die beiden Langbänke teilen den Raum, sodass zwei gleich große Spielfelder entstehen. Von jedem Spielfeld wiederum wird circa ein Viertel durch Seile abgetrennt. Die dadurch abgegrenzten Flächen stellen die Gefängnisse dar. Jedes der beiden Teams steht frei verteilt in einem der beiden Spielfelder.

Spielablauf:
Jedes Team besteht aus zehn Einbrechern und zwei Polizisten. Beide Polizistenteams versuchen so schnell wie möglich, die Einbrecher auf ihrem Spielfeld zu fangen. Wurde einer von ihnen von einem Polizisten berührt, so wandert er ins Gefängnis. Damit die Einbrecher aber fit bleiben, drehen sie dort weiter ihre Runden. Gewonnen hat das Polizistenteam, das als erstes alle Bösewichte eingesperrt hat.

Treibjagd

Förderbereich:	Ausdauer, Schnelligkeit
Gruppengröße:	1 Team mit 20 Kindern, 2 Teams mit jeweils 2 Kindern, 1 weiteres Kind
Material:	2 Langbänke

Aufbau und Aufstellung:
Die zwei Langbänke werden im Raum verteilt aufgestellt. Vier Kinder aus der Gruppe bilden zwei Paare, indem sie sich nebeneinanderstellen und sich an den Händen fassen. Ein weiteres Kind übernimmt die Rolle des Jägers. Die beiden Kinderpaare sind seine Jagdhunde. Alle anderen Kinder stellen Wildtiere dar, wie z. B. Rehe und Hirsche, und verteilen sich im Raum.

Spielablauf:
Der Jäger versucht, möglichst viel Wild zu erlegen. Dabei helfen ihm seine fleißigen Hunde. Sie dürfen das Wild zwar zusammentreiben, aber nur der Jäger darf es fangen. Wurde ein Kind von ihm berührt, so setzt es sich an den Spielfeldrand. Im Wald liegen natürlich auch Baumstämme herum. Diese werden durch die Langbänke dargestellt. Für die Wildtiere ist es ein Leichtes, mit ihren langen Beinen über sie hinwegzuspringen, den Jagdhunden mit ihren kurzen Beinen ist das leider nicht möglich. Sie müssen deshalb immer außen um die Langbänke herumlaufen. Der Jäger darf natürlich ebenfalls über die Bänke springen.

Fünf auf einen Streich

Förderbereich:	Ausdauer, Beweglichkeit
Gruppengröße:	2 Teams mit jeweils 12 Kindern; wenn weniger Kinder mitspielen, wird die Aufstellungsform entsprechend geändert.
Material:	10 Pylonen

Aufbau und Aufstellung:
Die beiden Teams stellen sich in den diagonal gegenüberliegenden Ecken des Raumes auf. Dabei stehen die Kinder jeder Mannschaft jeweils nebeneinander. Je drei Pylonen werden in einigem Abstand voneinander an der den beiden Teams jeweils gegenüberliegenden Seite des Raumes aufgestellt. Je zwei Pylonen stehen, wie in der Skizze dargestellt, auf Lücke zu diesen drei Pylonen auf der anderen Seite des Raums, circa zwei Meter vom jeweiligen Team entfernt. Der seitliche Abstand ist dabei auch hier so groß, dass die Kinder zwischen den Pylonen hindurchlaufen können.

Spielablauf:
Auf ein Startsignal hin läuft das jeweils erste Kind der beiden Teams los. Die Laufstrecke führt dabei zum anderen Ende des Raums, hinter der ersten Pylone herum, zurück in Richtung des eigenen Teams und dort nach einer weiteren 180°-Kurve hinter der zweiten Pylone herum wieder auf die andere Seite des Raums. Auf die gleiche Weise dienen alle weiteren Pylonen als Kehrtwenden. Wann immer ein Kind hinter Pylone Nr. 2 wendet, startet das nächste Mitglied dieses Teams. Das Team, das als erstes die gesamte Wegstrecke zurückgelegt hat, hat gewonnen.

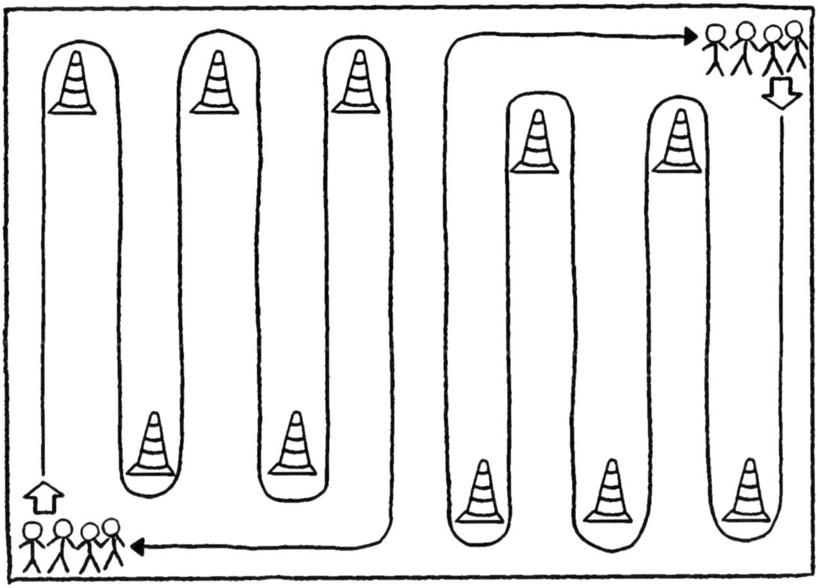

Osterdekoration im Garten

Förderbereich: Schnelligkeit, Beweglichkeit
Gruppengröße: beliebig
Material: Plastikostereier zum Aufhängen

Aufbau und Aufstellung:
Für dieses Spiel geht es nach draußen ins Freie. Zunächst werden alle Ostereier auf dem Rasen des Kita-Gartens verteilt ausgelegt. Dann stellen sich alle Kinder am Rand der Rasenfläche auf.

Spielablauf:
Ziel des Spiels ist es, die Bäume und Sträucher im Kita-Garten mit Ostereiern zu dekorieren. Dazu laufen alle Kinder los, schnappen sich ein Ei und hängen es an einem Ast auf. Natürlich darf immer nur ein Ei auf einmal in die Hand genommen werden. Auf diese Weise ist der Garten sehr schnell hübsch dekoriert, und die Kinder haben gleichzeitig ihre Kondition trainiert.

Tipp:
Es können auch Teams gebildet werden, wobei jedes Team nur Eier in einer Farbe einsammeln darf. Dies bringt noch etwas mehr Geschwindigkeit und ein wenig Wettbewerb in das Spiel.

Ball- oder Frisbee®-Lauf auf einer großen Wiese

Förderbereich:	Ausdauer
Gruppengröße:	mehrere Teams mit jeweils 4 bis 6 Kindern
Material:	je 1 Ball oder Frisbee® pro Team

Aufstellung:
Auch dies ist ein Spiel für draußen: Zunächst werden Teams mit jeweils vier bis sechs Mitspielern gebildet. Dann stellen sich alle Teams an einem Ende der Kita-

Wiese nebeneinander auf. Die Kinder jeder Mannschaft werden durchgezählt, und der jeweils erste Mitspieler erhält einen Ball.

Spielablauf:
Ziel des Spiels ist es, den Ball an das andere Ende der Wiese zu werfen. Dabei werfen die Kinder der einzelnen Teams immer nacheinander, und alle Teammitglieder rücken dann so weit vor, wie der eben geworfene Ball geflogen ist. Gewonnen hat das Team, das sowohl seinen Ball als auch alle Teammitglieder zuerst über die Ziellinie gebracht hat. Die Anzahl der Würfe ist dabei unerheblich.

Tipp:
Für Kinder ab circa fünf Jahren können statt der Bälle auch Frisbees eingesetzt werden. Wenn Kinder unterschiedlichen Alters mitspielen, erhält jedes Team einen Ball und ein Frisbee®. Vorschulkinder werfen das Frisbee®, alle anderen den Ball. In diesem Fall wird das Frisbee® zu dem Ort, an dem der Ball liegen geblieben ist, getragen und von dort aus geworfen. Im Anschluss an diesen Wurf wird der Ball aufgehoben und zum Landeplatz des Frisbees® transportiert. Bei dieser Spielvariante sollten jedoch die Frisbeewerfer in gleich großer Anzahl auf die Teams verteilt werden.

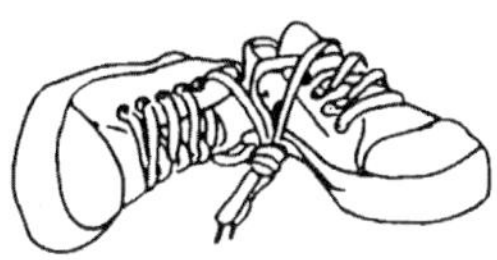

Der verrückte Hut

Förderbereich:	Ausdauer
Gruppengröße:	beliebig
Material:	3 große Hüte, CD-Player mit Laufmusik in einem Tempo von ca. 160 bpm

Aufstellung:
Alle Kinder stehen frei verteilt im Raum.

Spielablauf:
Drei Kinder aus der Gruppe erhalten jeweils einen der Hüte. Ihr Ziel ist es, den Hut so schnell wie möglich einem anderen Kind aufzusetzen, das seinerseits wiederum versucht, den Hut so schnell wie möglich wieder loszuwerden.

Reaktionsspiele

Schlangenjagd

Förderbereich:	Schnelligkeit, Beweglichkeit
Gruppengröße:	2 Teams mit jeweils 12 Kindern
Material:	Armbinden für die Hälfte der Kinder, 1 Handtrommel, evtl. CD-Player mit Laufmusik

Aufstellung:
Die Kinder werden in zwei Teams eingeteilt. Eines dieser Teams erhält die Armbinden. Das andere stellt sich in der Mitte des Raumes in einer Linie nebeneinander auf. Dabei wechselt bei jedem Kind die Blickrichtung, d. h., das erste Kind schaut an die eine Wand, das daneben stehende an die gegenüberliegende Wand, das dritte Kind wieder nach vorne usw. Der seitliche Abstand zwischen den Kindern ist dabei so groß, dass sie mit ihren Armen Tore bilden können, indem sie sie heben und ihre Handinnenflächen an die Handinnenflächen ihrer jeweiligen Nachbarn legen.

Die Kinder des zweiten Teams bilden eine Schlange, indem sie sich ebenfalls nebeneinander aufstellen und an den Händen fassen.

Spielablauf:
Die Kinderschlange schlängelt sich unter den Kindertoren hindurch. Dabei passiert die Schlange die Tore so, dass sie immer hinter dem Rücken der Kinder, die die Tore bilden, vorbeigeht. Sind auf diese Weise alle Tore durchquert, dann bewegt sich die Schlange auf geradem Wege wieder zu ihrem Ausgangspunkt und passiert die Tore auf die eben geschilderte Art erneut.
Die Spielleitung schlägt dazu in gleichmäßigen, schnellen und leisen Schlägen die Handtrommel. Ertönt jedoch plötzlich ein einzelner lauter Schlag, dann lösen sich Tore und Schlange sofort auf, und die Torkinder laufen weg, während die Schlangenkinder versuchen, diese wieder einzufangen. Beim nächsten Durchgang werden die Rollen der Gruppen getauscht.

Tipp:
Dieses Spiel ist auch gut als Musikstoppspiel geeignet: Solange die Musik läuft, tanzen die Kinder durch die Tore. Stoppt die Musik, beginnt die Verfolgungsjagd.

Das hungrige Krokodil

Förderbereich:	Schnelligkeit
Gruppengröße:	beliebig
Material:	1 Langbank, CD-Player mit Laufmusik in einem Tempo von ca. 160 bpm

Aufbau und Aufstellung:
Die Langbank wird an einer Seite des Raumes platziert. Alle Kinder bis auf eines verteilen sich frei im Raum. Sie stellen die Fische dar. Das verbliebene Kind spielt das Krokodil.

Spielablauf:
Alle Fischkinder laufen zur Musik durch den Raum. Wenn die Musik stoppt, bleiben alle stehen. Das Krokodil hat unterdessen am Rand des Teiches gewartet und ruft nun laut: „Ich habe Hunger, und heute habe ich Lust auf etwas Rotes!" Jetzt müssen sich schnell alle Fische, die etwas Rotes tragen, auf der Bank in Sicherheit bringen, während das Krokodil versucht, sich etwas zum Fressen zu schnappen. Gelingt es ihm, einen der roten Fische zu fangen, so ist dieser das nächste Krokodil. Weitere kulinarische Gelüste des Krokodils könnten z. B. sein: Haarfarben, Haarlängen, Geschlecht, Altersangaben usw.

Verkehrsampelspiel

Förderbereich:	Ausdauer, Schnelligkeit
Gruppengröße:	beliebig
Material:	1 rotes und 1 grünes Tuch, CD-Player mit Laufmusik in einem Tempo von ca. 140 bis 160 bpm

Aufstellung:
Alle Kinder verteilen sich frei im Raum. Die Spielleitung erhält die beiden farbigen Tücher.

Spielablauf:
Die beiden Tuchfarben Rot und Grün stellen die Lichter einer Ampel dar, die für die Bewegung der Kinder verbindlich ist: Winkt die Spielleitung sichtbar mit dem grünen Tuch, laufen alle Kinder zur Musik durch den Raum. Wird dagegen das rote Tuch in die Höhe gehoben, bleiben alle Kinder sofort stehen. Sie laufen erst weiter, wenn die Ampel wieder auf Grün steht.

Tipp:
Besonders viel Spaß haben die Kinder, wenn es zwischendurch eine Phase gibt, in der Rot und Grün sehr schnell aufeinanderfolgen.

melasureJ hcan esieR eiD (Die Reise nach Jerusalem – einmal andersherum)

Förderbereich:	Schnelligkeit
Gruppengröße:	2 Teams mit einer beliebigen, jedoch gleich großen Anzahl von Mitspielern
Material:	2 Stühle weniger als Kinder mitspielen, CD-Player mit Laufmusik in einem Tempo von ca. 140 bis 160 bpm

Aufbau und Aufstellung:
Jeweils die Hälfte aller Stühle wird in je zwei Reihen im Raum aufgestellt. Dabei stehen die Stühle so, dass die Stuhllehnen einander berühren. Wichtig ist, dass diese beiden Stuhleinheiten so weit voneinander entfernt stehen, dass die beiden Kinderteams um sie herumlaufen können. Dann nimmt jedes der beiden Teams um seine Stuhleinheit herum Aufstellung.

Spielablauf:
Während die Musik spielt, laufen beide Teams um ihre Stuhleinheit herum. Stoppt die Musik, versucht jedes Kind, sich schnell auf einen der Stühle zu setzen. Wird die Musik wieder angestellt, laufen alle erneut um ihre Stühle. Nach jedem Musikstopp wird in beiden Teams jeweils ein weiterer Stuhl entfernt. Bei dieser Version des Spiels „Reise nach Jerusalem" scheidet jedoch kein Kind aus, sondern jeder Mitspieler, der keinen freien Stuhl mehr ergattern konnte, setzt sich bei einem anderen Kind auf den Schoß. Gewonnen hat das Team, dem es gelingt, die meisten Mitglieder auf den wenigsten Stühlen zu versammeln.

Tipp:
Wenn auch die Ausdauer angesprochen werden soll, sollte die Musik in jeder Runde zwischen 30 und 60 Sekunden lang laufen.

Farbentausch

Förderbereich:	Schnelligkeit
Gruppengröße:	2 Teams mit einer beliebigen, jedoch gleich großen Anzahl von Mitspielern
Material:	Tücher in verschiedenen Farben (z. B. rot, gelb, grün, blau, weiß) und in der gleichen Anzahl, wie Kinder mitspielen

Aufstellung:
Die Kinder werden in zwei gleich große Teams aufgeteilt. Jedes Kind erhält ein Tuch, wobei in beiden Teams möglichst die gleiche Anzahl von Tüchern mit derselben Farbe vorhanden sein sollte. Dann positionieren sich beide Gruppen an den einander gegenüberliegenden Seiten des Raumes. Ist der Raum recht-

eckig, so werden die beiden Seiten gewählt, deren Abstand voneinander größer ist.

Spielablauf:
Die Spielleitung benennt laut eine Farbe. Alle Kinder mit einem Tuch in dieser Farbe tauschen nun so schnell wie möglich mit denjenigen Mitspielern auf der anderen Raumseite die Plätze, welche ebenfalls Tücher in dieser Farbe halten. Dabei kann dieselbe Farbe natürlich auch mal mehrfach hintereinander gerufen werden. Auch das Benennen zweier Farben ist möglich.

Safari

Förderbereich:	Schnelligkeit, Beweglichkeit, Kraft
Gruppengröße:	beliebig
Material:	1 Hosengummi von ca. 4 m Länge, CD-Player mit Laufmusik in einem Tempo von ca. 160 bpm

Aufbau und Aufstellung:
Das Gummiband wird zu einem Kreis geknotet und in die Raummitte gelegt. Alle Kinder stellen sich frei im Raum auf.

Spielablauf:
Die Kinder sind auf Safari und laufen zur Musik frei durch den Raum. Die Spielleitung ruft ihnen dabei zwischendurch immer wieder einen von insgesamt vier Begriffen zu, zu dem die Kinder die vorher vereinbarte Bewegung ausführen:

- „Achtung, Tiger!“: ausgestreckt auf den Bauch legen, den Kopf heben und beide Handinnenkanten als Sonnenblendschutz an die Stirn legen (diese Position aber nicht länger als zwei Sekunden halten)
- „Trockenes Gras!“: während des Laufens die Knie so weit wie möglich nach oben ziehen
- „Deckung!“: schnell auf den Po setzen, einmal um die eigene Achse drehen, aufstehen und weiterlaufen
- „See!“: Alle Kinder rennen zum Gummiband, legen sich das Gummiband um einen Fuß und sich selbst auf den Rücken. Dann heben sie das Bein mit dem Gummi an und rutschen so weit nach hinten zurück, bis das Gummiband zu einem großen See gespannt ist.

Mit Pfiff

Förderbereich:	Schnelligkeit, Beweglichkeit
Gruppengröße:	beliebig
Material:	1 Kasten, 1 Trillerpfeife

Aufbau und Aufstellung:
Der Kasten wird an einer Wand des Raumes aufgestellt. Alle Kinder positionieren sich frei verteilt in der Raummitte. Dabei sollten sie gut ein Drittel der Fläche des Raumes besetzen und in alle Richtungen genügend Abstand voneinander haben. Der Blick der Mitspieler ist zur Spielleitung gerichtet, die ihnen gegenüber auf dem Kasten steht.

Spielablauf:
Sobald die Trillerpfeife ertönt, rennen alle in kleinen Schritten nach vorne. Ertönt sie das nächste Mal, laufen alle rückwärts zurück. Dieses Spiel wiederholt sich mehrfach, wobei die Abstände zwischen den einzelnen Pfiffen von unterschiedlicher Dauer sind. Zusätzlich visualisiert die Spielleitung die Laufrichtung mit ihren Armen: Bei der Vorwärtsbewegung winkt sie die Kinder zu sich heran, bei der Rückwärtsbewegung schickt sie die Kinder von sich weg. Nach einigen Wiederholungen ändert sich die Laufrichtung: Die Kinder bewegen sich jetzt nach rechts und links, auch hier wird wieder durch den Pfiff der Trillerpfeife und die Armbewegungen der Spielleitung die Bewegungsrichtung angezeigt.
Im Anschluss an diese Runde und nach einer kurzen Pause wird es komplizierter: Die Spielleitung gibt nämlich jetzt als Vorgabe alle vier Richtungen in unterschiedlicher Reihenfolge an.

Autofahrt

Förderbereich:	Ausdauer, Schnelligkeit
Gruppengröße:	beliebig
Material:	Tücher in verschiedenen Farben (z. B. rot, gelb, grün und blau)

Aufbau und Aufstellung:
Jedes Kind erhält ein Tuch in einer Farbe. Dieses Tuch symbolisiert die Autofarbe. Dann stellen sich alle frei an den Seiten des Raumes auf.

Spielablauf:
Jedes Kind spielt ein Auto und führt die Anweisungen der Spielleitung aus, die damit den Verkehr regelt. Dabei gelten folgende Tempoangaben: In der Stadt joggen, auf der Autobahn rennen. Mögliche Anleitungen sind:

Alle roten und gelben Autos fahren durch die Stadt.
Alle grünen Autos fahren auf der Autobahn.
Alle blauen Autos fahren durch die Stadt.
Die roten Autos halten vor einer roten Ampel.
Die grünen Autos fahren von der Autobahn herunter und in die Stadt.
Die blauen Autos halten vor einer roten Ampel.
Die gelben Autos fahren auf die Autobahn.
Die roten Autos haben Grün und fahren auf die Autobahn.
Die grünen Autos fahren auf der Autobahn.
Die blauen Autos haben Grün und fahren auf die Autobahn.
Die gelben Autos fahren in die Stadt und parken (hinsetzen).
Die roten Autos fahren durch die Stadt.
Die gelben Autos fahren weiter und parken auf dem nächsten Parkplatz.
Die blauen Autos fahren von der Autobahn und halten vor einer roten Ampel.
Die gelben Autos fahren weiter.
Die grünen Autos haben einen Stau auf der Autobahn.
usw.

(aus: Elke Gulden und Bettina Scheer, Musik-Spiel-Reise ins Geschichtenland, © Ökotopia-Verlag, 2011)

Kraftspiele

Stadtgrenze

Förderbereich:	Kraft
Team:	2 Teams mit jeweils 12 Kindern
Material:	1 Stoppuhr, evtl. Kreppklebeband oder Kreide

Aufbau und Aufstellung:
Eine lange, gerade Bodenlinie markiert die Grenze zwischen zwei Städten. Falls der Boden nicht ohnehin eine solche Markierung aufweist, kann diese mit einem Kreppklebeband oder Kreide schnell festgelegt werden. Die Kinder werden in zwei gleich große Mannschaften eingeteilt. Die Mitspieler jeder Mannschaft stellen sich nebeneinander auf jeweils ihrer Seite der Grenze auf, wobei sich immer zwei gleich große Kinder gegenüberstehen sollten.

Spielablauf:
Die Bürgermeister der beiden Städte streiten sich darüber, wessen Stadt mehr Einwohner hat. Heute soll eine Zählung stattfinden. Natürlich versucht jede Stadt, vorher noch so viele Bürger des Gegners über die Grenze zu ziehen wie möglich. Die Kinder dürfen sich dazu an den Handgelenken fassen. Sobald beide Füße eines Kindes die Grenze zur Nachbarstadt überschritten haben, ist der Kampf beendet, und die beiden Kinder setzen sich auf dem Territorium des Gewinners auf den Boden. Nach 45 Sekunden stoppen alle Rangeleien, und es wird gezählt, wie viele Einwohner in beiden Städten leben.

Gefangen!

Förderbereich:	Kraft, Schnelligkeit
Gruppengröße:	2 Teams mit jeweils 11 Kindern, 2 weitere Kinder
Material:	evtl. Kreppklebeband, Kreide o. Ä.

Aufbau und Aufstellung:
Falls der Boden des Raumes keine eigene Markierung aufweist, muss als optische Anzeige mit Kreide, Kreppklebeband o. Ä. eine Linie gezogen werden. Diese sollte circa ein bis zwei Meter Abstand von einer Wand des Raumes haben.
Alle Kinder bis auf zwei bilden zwei gleich große Teams. Ein Team stellt sich rechts von der Linie auf, das andere links davon. Dann bilden jeweils zwei Kinder aus den verschiedenen Teams Paare und positionieren sich Rücken an Rücken, wobei sich die Linie zwischen ihnen befindet. Dabei sollten immer zwei Kinder zusammengehen, die in etwa die gleiche Körpergröße besitzen. Als Nächstes gehen die Paare in die Hocke und haken ihre Arme bei ihrem Partner auf der ande-

ren Seite der Linie ein. Die zwei verbliebenen Kinder stellen sich an der Wand auf, die nahe der Begrenzungslinie liegt.

Spielablauf:
Der Kriegsstamm der grausamen Zinori-Indianer hat eine Forschergruppe überfallen und gefangen genommen. In Paaren zusammengebunden, werden sie von zwei Indianern bewacht, bis der große Häuptling am Abend eine Entscheidung getroffen hat, was er mit den Frauen und Männern machen wird.
Die Forscher haben jedoch kein Interesse daran, diese Entscheidung abzuwarten und versuchen, sich zu befreien, indem die zusammengebundenen Paare gleichzeitig aufstehen. Dabei müssen sie selbstverständlich aneinandergefesselt (d. h. die Arme untergehakt) bleiben. Die Fesseln lösen sich erst, wenn beide Kinder

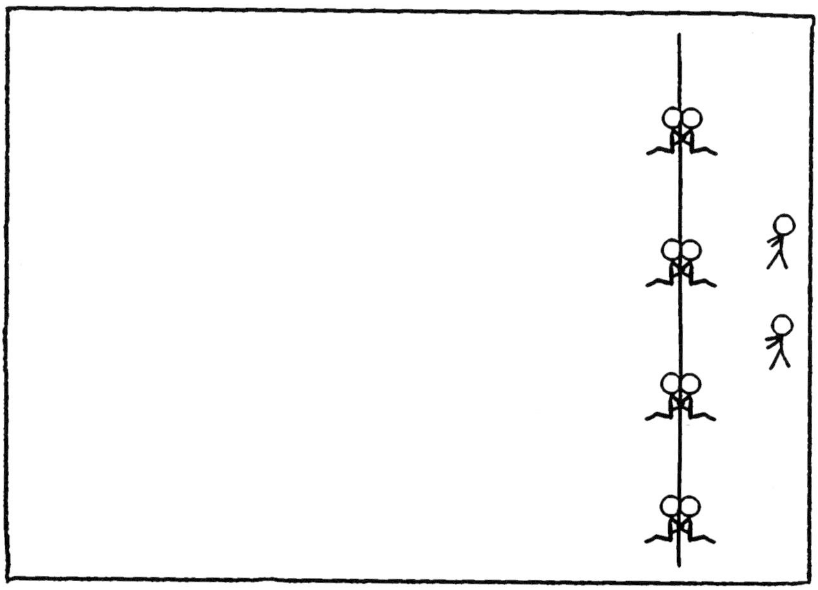

stehen. Selbstverständlich laufen sie danach so schnell wie möglich aus dem Indianerlager hinaus. Erreichen sie die gegenüberliegende Wand des Raumes, so befinden sie sich in Sicherheit. Doch sobald die Gefangenen flüchten, dürfen die beiden Wächter sie verfolgen. Gelingt es ihnen, einen der Flüchtenden zu fangen, so gilt dieser als von einem Indianerpfeil getroffen. Das Kind setzt sich dann einfach auf den Boden. Wie viele Gefangene konnten am Ende aus dem Lager flüchten?

Tipp:
Die Indianer können auch mal drei Gefangene zusammenbinden.

Störrischer Hund

Förderbereich:	Kraft
Gruppengröße:	beliebig, jedoch in einer geraden Anzahl von Kindern
Material:	kein Material erforderlich

Aufstellung:
Jeweils zwei Kinder gehen als Paar zusammen und reichen sich die Hände. Dabei sollten die Kinder eines Paares in etwa gleich stark sein.

Spielablauf:
Ein Kind jedes Paares spielt den Hund und sitzt in der Hocke. Das andere Kind stellt den Hundebesitzer dar, der mit seinem Hund weiter spazieren gehen möchte. Das Tier jedoch hat keine Lust mehr weiterzugehen und bleibt einfach sitzen. Welchem Frauchen oder Herrchen gelingt es, seinen Hund wieder auf die Beine zu bringen, und welcher Hund ist der störrischste?

Raus aus meinem Haus!

Förderbereich:	Kraft
Team:	2 Teams mit jeweils 12 Kindern
Material:	Kreppklebeband oder Kreide

Aufbau und Aufstellung:
Mit Kreppklebeband oder Kreide werden auf beiden Seiten des Raumes auf dem Boden je zwei parallele Linien gezogen, die jeweils circa einen Meter auseinanderliegen. Die Gruppe wird in zwei Teams eingeteilt. Dann bilden die Kinder innerhalb jedes Teams Paare, die sich zwischen diesen Linien aufstellen. Dabei sollten die Kinder in jedem Paar etwa die gleiche Körpergröße haben. Die Spielpartner stehen jeweils Rücken an Rücken, ansonsten berühren sich keine weiteren Körperteile.

Spielablauf:
Beide Kinder jedes Paares versuchen gleichzeitig, ihren Spielpartner über eine der beiden Linien zu drängen. Diejenigen, die auf der rechten Raumseite spielen und auf diese Weise „aus dem Haus" geschoben wurden, wechseln zu dem zweiten Linienpaar in der linken Raumhälfte. Dort suchen sie sich einen neuen Partner, der ebenfalls aus „seinem Haus" verjagt wurde. Die Kinder, die hier beim ersten Versuch in ihrem Haus bleiben konnten, wechseln auf die rechte Raumseite und gehen ebenfalls mit einem neuen Partner zusammen.

Varianten:
Natürlich können die Kinder bei diesem Spiel auch auf andere Weise ihre Kräfte messen. Allerdings sollten die Übungen immer an verschiedenen Tagen und niemals direkt aufeinander folgend ausgeführt werden.

- Die Kinder stehen sich gegenüber und fassen sich an den Schultern an.

- Die Kinder sitzen Rücken an Rücken mit untergehakten Armen auf dem Boden.
- Die Kinder knien einander gegenüber und fassen sich an den Schultern. Hierfür sollte allerdings ein weicher Untergrund zur Verfügung stehen.

Tennisbälle, ihr sollt wandern

Förderbereich:	Kraft
Gruppengröße:	3 Teams mit jeweils 6 Kindern
Material:	18 Gymnastikbälle, 15 Tennisbälle, 6 Eimer

Aufbau und Aufstellung:
Jeweils sechs Gymnastikbälle liegen nebeneinander in einer Reihe, sodass sich insgesamt drei Reihen ergeben. Die Abstände zwischen den Bällen sollten so groß sein, dass die Kinder, die später auf den Bällen sitzen, bei ausgestreckten Armen die Hände ihrer rechten und linken Nachbarn berühren können. An den beiden Enden jeder Reihe steht jeweils ein Eimer, wobei einer der beiden Eimer in jeder Reihe mit je fünf Tennisbällen gefüllt ist. Dann wird die Gruppe in drei Teams aufgeteilt, deren Mitglieder sich auf die Gymnastikbälle setzen. Dabei sollten die Füße der Kinder möglichst mit der ganzen Fußsohle auf dem Boden aufliegen.

Spielablauf:
Die Kinder strecken ihre Arme seitlich aus. Auf ein gemeinsames Startsignal hin greift das erste Kind jeder Mannschaft nach einem Tennisball aus dem Eimer. Dann führt es beide Arme langgestreckt über den Kopf, wo es den Tennisball von der einen Hand in die andere wechselt. Danach führt es die Arme wieder in die

Ausgangsposition zurück und übergibt den Ball in die Hand des Nachbarkindes. Auf diese Weise wandern die Bälle von dem Eimer auf der einen Seite in den Eimer auf der anderen Seite. Die Gruppe, deren Tennisbälle als erstes komplett die Seite gewechselt haben, hat gewonnen.

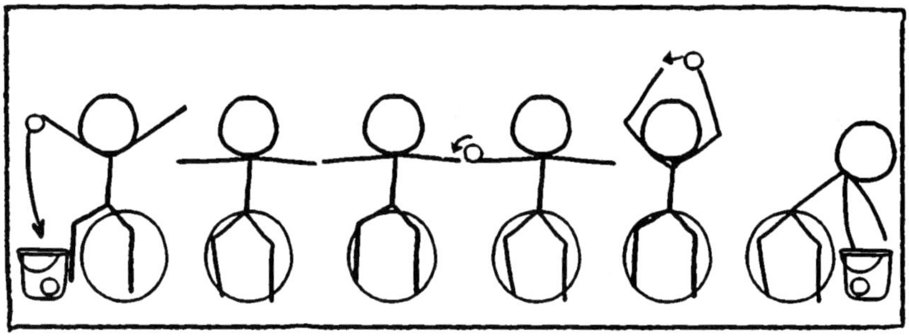

Kästchenhüpfen

Förderbereich:	Kraft
Gruppengröße:	beliebig
Material:	Straßenkreide

Aufbau und Aufstellung:
Dieses Spiel kann auch draußen gespielt werden. Zur Vorbereitung wird mit Kreide ein Hüpfkästchenspielfeld, wie es in der unten stehenden Skizze dargestellt ist, auf den Boden gemalt. Dann positionieren sich alle Kinder hintereinander in einer Reihe vor dem ersten Feld des Spiels.

Spielablauf:
Alle Kinder hüpfen nacheinander durch das Hüpffeld, z. B. in dieser Reihenfolge:

- mit beiden Beinen vorwärts in Feld 1 springen
- gleichzeitig vorwärts mit dem linken Fuß in Feld 2 und dem rechten Fuß in Feld 3 springen
- diese beiden Schritte für die Felder 4, 5, 6 und 7 abwechselnd wiederholen
- mit beiden Beinen gleichzeitig seitwärts nach links in Feld 8 springen
- mit beiden Beinen gleichzeitig seitwärts nach rechts in Feld 7 zurückspringen
- diese beiden Schritte mit Feld 9 wiederholen
- mit beiden Beinen gleichzeitig von Feld 7 vorwärts in Feld 10 springen
- In einer 180°-Drehung mit beiden Beinen in Feld 11 springen, winken und rückwärts aus dem Spielfeld herausspringen

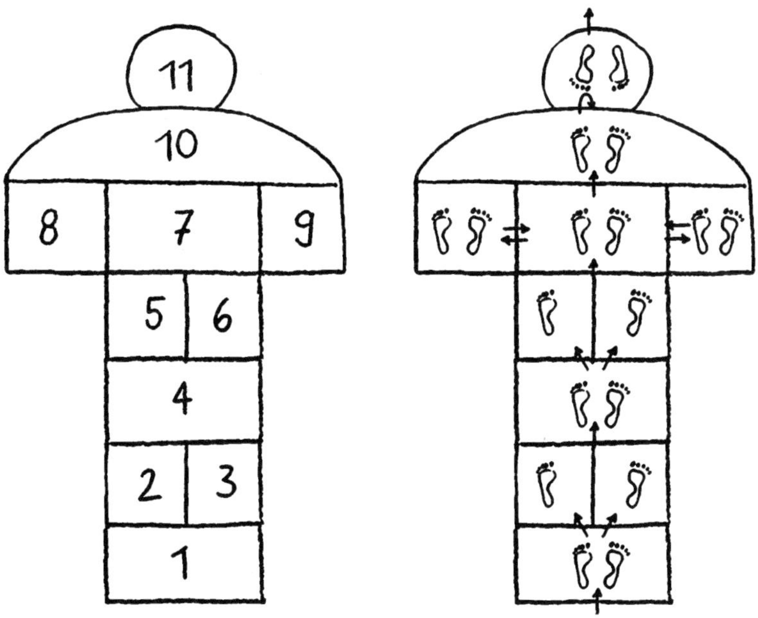

Varianten:
Es gibt sowohl viele verschiedene Möglichkeiten, die Felder zu durchhüpfen – z. B. vorwärts, rückwärts, auf einem Bein usw. – als auch unzählige Spielfeldvarianten. Eine größere Anzahl davon finden Sie in dem Band: Elke Gulden, Bettina Scheer: Klatsch- und Hüpfspiele, Don Bosco Medien GmbH, München 2009.

Tipp:
Hüpfkästchen können z. B. auch bei einem Waldausflug auf einem ebenen Waldboden mit kleinen Ästen gelegt werden.

Gummitwist

Förderbereich:	Kraft
Gruppengröße:	beliebig
Material:	1 langes, zu einem Kreis geschlossenes Gummiband, 1 Trillerpfeife

Aufbau und Aufstellung:
Gummitwist kann sowohl drinnen als auch draußen gespielt werden. Zwei Kinder stellen sich in das Gummiband und gehen so weit auseinander, dass das Band auf Höhe der Fußknöchel gespannt ist. Ihre Beine sind dabei leicht geöffnet. Alle anderen Kinder stellen sich neben dem Gummiband hintereinander auf.

Spielablauf:
Auf das Signal der Trillerpfeife hin springt das erste Kind mit geschlossenen Beinen seitwärts in das Gummiband und beginnt dann auf folgende Weise weiterzuhüpfen:

- seitlich nach links springen, sodass sich der eine Gummistrang zwischen den Füßen befindet
- zurück in die Mitte springen
- seitlich nach rechts springen, sodass sich der andere Gummistrang zwischen den Füßen befindet
- zurück in die Mitte springen
- Diese Sequenz wird so oft wiederholt, bis die Trillerpfeife erneut ertönt. Dann springt das Kind aus dem Gummiband heraus und das nächste hinein.

Tipp:
Entsprechend der Länge des Gummis können auch mehrere Kinder parallel springen. Wenn alle Kinder gehüpft sind, kann man den Schwierigkeitsgrad dadurch erhöhen, dass man das Gummiband an den Füßen etwas weiter nach oben schiebt.

Laufen am Platz

Förderbereich:	Kraft, Ausdauer
Gruppengröße:	beliebig
Material:	CD-Player mit Laufmusik in einem Tempo von ca. 160 bpm

Aufstellung:
Alle Kinder stellen sich im Kreis auf.

Spielablauf:
Alle laufen zur Musik am Platz. Zugleich führen die Arme verschiedene Bewegungen aus. Den meisten Kindern fällt es schwer, zwei unterschiedliche Bewegungen gleichzeitig durchzuführen, und häufig bleiben ihre Beine dann stehen. Daher sollten sie zwischendurch immer mal wieder nett daran erinnert werden, dass die Beine doch weiterlaufen möchten.
Mögliche Armbewegungen können sein:

- die Arme nach oben strecken und wieder senken, parallel oder im Wechsel
- die Arme in Schulterhöhe zu den Seiten hin ausstrecken, dann in den Ellenbogen beugen, sodass die Hände vor der Brust liegen, und danach die Unterarme wieder ausstrecken, parallel oder im Wechsel
- die Arme nach oben strecken, dann mit den Fingerspitzen auf die Schultern tippen und danach die Arme wieder in die Höhe strecken, parallel oder im Wechsel
- die Arme nach vorne strecken und wieder zum Körper zurücknehmen, parallel oder im Wechsel
- die Arme in Schulterhöhe seitlich ausstrecken, dann mit den Fingerspitzen auf die Schultern tippen und danach die Arme wieder strecken, parallel oder im Wechsel usw.

Sackhüpfen

Förderbereich:	Kraft, Ausdauer
Gruppengröße:	4 Teams mit jeweils 6 Kindern
Material:	4 Jutesäcke, 4 Seile oder Äste, 4 Pylonen

Aufbau und Aufstellung:
Sackhüpfen ist ein beliebtes Spiel für draußen. Vier Seile oder Äste werden nebeneinander als Startlinien für die vier Mannschaften auf den Boden gelegt. Die vier Pylonen markieren das Ziel der vier parallel verlaufenden Hüpfstrecken. Dabei sollten diese Strecken mit circa 25 Sprüngen zurückzulegen sein.
Die Mannschaften stellen sich hinter ihrer jeweiligen Startlinie auf, wobei alle Mitglieder einer Mannschaft hintereinander stehen.

Spielablauf:
Auf das Startsignal hin steigen die vorne stehenden Kinder einer jeden Mannschaft in einen Sack und hüpfen in Richtung der Pylone. Dort angekommen, ziehen sie den Sack aus. Dann laufen sie mit dem Sack zu ihrem Team zurück, übergeben diesen an das nächste Kind usw. Sieger ist diejenige Mannschaft, bei der als erste alle die Strecke zurückgelegt haben.

Tipp:
Wenn die Kinder in Alter und Größe sehr unterschiedlich sind, kann die Ziel-Pylone auch auf halber Strecke aufgestellt werden. Die Kleineren hüpfen dann zur Pylone und laufen zurück, so wie oben beschrieben, während die Größeren den gesamten Hin- und Rückweg hüpfend zurücklegen.

Seilspringen

Förderbereich:	Kraft, Ausdauer
Gruppengröße:	beliebig
Material:	1 Springseil pro Kind

Aufstellung:
Die Kinder stellen sich frei verteilt im Raum auf.

Spielablauf:
Die Kinder springen mit dem Seil.

Hinweis:
Seilspringen gehört zum Standardtraining im Fitness- und Konditionsbereich. Allerdings stellt die bei diesem Spiel notwendige Koordination von Armen und Beinen durchaus eine Herausforderung für Kinder dar. Ab wann Kinder Seilspringen können, ist aufgrund ihrer individuell unterschiedlichen Entwicklungsgeschwindigkeit sehr verschieden. Als Anhaltspunkt kann aber ein Alter von fünf Jahren dienen.
Grundsätzlich gilt unabhängig vom Alter: Niemand wacht morgens auf und kann plötzlich seilspringen. Hier hilft leider – wie so oft im Leben – nur üben, üben, üben. Sobald die Kinder jedoch in der Lage sind, ihre Körperbewegungen beim Hampelmannspringen zu koordinieren, haben sie auch alle Voraussetzungen für das Springen mit dem Seil.

X-Sprung

Förderbereich:	Kraft
Gruppengröße:	6 Teams mit jeweils 4 Kindern
Material:	kein Material erforderlich

Aufstellung:
Dieses Spiel kann ideal im Freien gespielt werden. Dazu stellen sich alle sechs Mannschaften nebeneinander auf.

Spielablauf:
Vor Beginn des Spiels wird gemeinsam eine bestimmte Anzahl von Sprüngen pro Kind vereinbart, z. B. fünf. Gesprungen wird immer beidbeinig und mit geschlossenen Beinen. Das erste Kind jeder Mannschaft springt fünfmal. Von dem Standort aus, an den es mit diesen Sprüngen gelangt ist, springt dann das nächste Kind der Mannschaft ebenfalls fünfmal hintereinander usw. Die Mannschaft, die insgesamt am weitesten gesprungen ist, hat gewonnen.

Variante:
Anstatt einer bestimmten Sprunganzahl kann natürlich auch eine Ziellinie vereinbart werden. Gewonnen hat dann diejenige Mannschaft, die am wenigsten Sprünge gebraucht hat, um ins Ziel zu kommen. Hierbei machen die Kinder jeder Mannschaft allerdings im Wechsel nur jeweils einen Sprung.

Zwei sind frei

Förderbereich:	Kraft
Gruppengröße:	beliebig
Material:	Reifen in der gleichen Anzahl, wie Kinder mitspielen

Aufbau und Aufstellung:
Die Reifen werden auf dem Boden in einem großen Kreis aneinandergelegt. Alle Kinder bis auf zwei stellen sich in jeweils einen der Reifen, und zwar so, dass die beiden nicht besetzten Reifen einander auf der Kreislinie gegenüberliegen. Die zwei verbleibenden Kinder stehen in der Kreismitte.

Spielablauf:
Die Kinder in den Reifen springen reihum von einem Reifen zum nächsten, während die beiden Mitspieler in der Mitte versuchen, einen der jeweils frei werdenden Reifen zu ergattern, indem sie schnell in ihn hineinspringen. Das Kind, welches vor diesem jetzt besetzten Reifen steht, geht dann in die Mitte und versucht, einen neuen freien Reifen zu besetzen.

Luftballonboxen

Förderbereich:	Kraft
Gruppengröße:	beliebig
Material:	etwa 10 Luftballons, Paketschnur

Aufbau und Aufstellung:
Dieses Spiel wird im Freien gespielt. Alle Luftballons werden aufgeblasen und mithilfe der Paketschnur an Bäumen oder Sträuchern so hoch befestigt, dass sie von den Kindern nur mit einem Sprung berührt werden können. Dann stellen sich die Kinder hintereinander am Startpunkt auf.

Spielablauf:
Die Kinder laufen hintereinander von Ballon zu Ballon und versuchen, durch einen Sprung jeden davon mit der Hand zu berühren.

Tipp:
Wenn man die Paketschnur mit einer Steigung zwischen zwei Bäumen oder Sträuchern aufhängt und drei Ballons in gleicher Farbe nebeneinander an der

Schnur befestigt, dann kann jedes Kind selbst ausprobieren, wie hoch es springen kann.

Es regnet

Förderbereich:	Kraft
Gruppengröße:	beliebig
Material:	kein Material erforderlich

Aufstellung:
Alle Kinder liegen auf dem Bauch.

Es regnet

Text u. Musik: trad.

Spielablauf:
Während die eine Hälfte der Kinder das Lied singt, strecken die anderen die Arme in Schulterbreite lang nach vorne, heben den Oberkörper und die Arme an und tippen mit den Fußrücken im Wechsel wie Regentropfen auf den Boden. Zum Auflösen dieser Haltung machen die Kinder ein „Päckchen", d. h., sie gehen in den Fersensitz und legen den Oberkörper auf die Oberschenkel. Anschließend tauschen die beiden Kindergruppen einmal die Rollen.

Minkel, mankel, munkel

Förderbereich:	Kraft
Gruppengröße:	beliebig
Material:	kein Material erforderlich

Aufstellung:
Alle Kinder stehen zwei Fußlängen von einer Wand entfernt und lehnen sich mit dem Rücken an die Wand.

Minkel, mankel, munkel

Text: überliefert

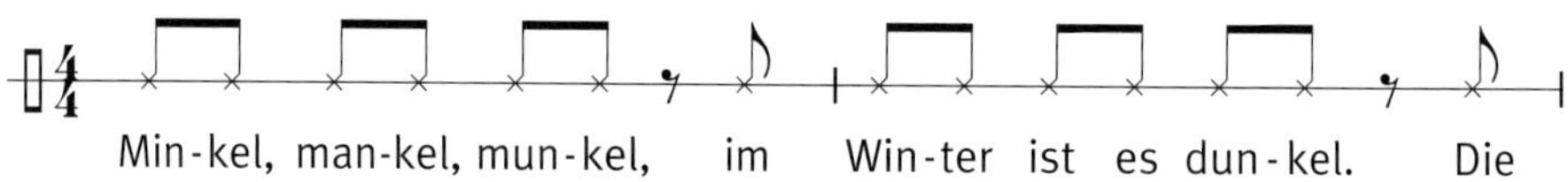

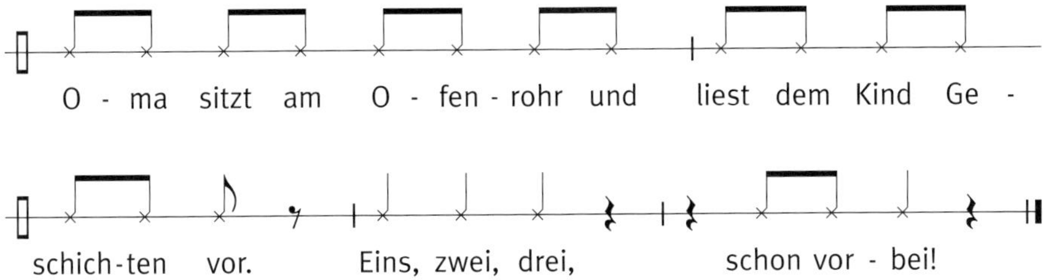

Spielablauf:
Die Kinder beugen ihre Beine so weit, dass die Oberschenkel mit den Unterschenkeln einen rechten Winkel bilden. Währenddessen wird der oben stehende Vers gesprochen. Zum Auflösen der Haltung stützen sich die Kinder mit den Händen an der Wand ab und kommen dadurch wieder zum Stehen. Anschließend die Beine ausschütteln.

Das Wandern ist des Müllers Lust

Förderbereich:	Kraft
Gruppengröße:	beliebig
Material:	kein Material erforderlich

Aufstellung:
Alle Kinder stehen zwei Fußlängen von einer Wand entfernt und blicken mit dem Gesicht zur Wand.

Das Wandern ist des Müllers Lust

Text: W. Müller, Musik: C. F. Zöllner

Spielablauf:

Die Kinder tippen mit den Fingern in Schulterhöhe leicht an die Wand. Während das Lied gesungen wird, gehen alle auf den Zehenballen, beugen die Knie (dabei bleiben die Fersen in der Luft), strecken dann wieder ihre Beine und setzen die Fersen auf dem Boden ab. Anschließend schütteln sie die Beine aus.

Tipp:
Wenn die Kinder schon etwas geübter sind, können sie diese Haltung auch gerne frei im Raum stehend einnehmen.

Pinke Pank, der Schmied ist krank!

Förderbereich:	Kraft
Gruppengröße:	beliebig
Material:	kein Material erforderlich

Aufstellung:
Alle Kinder sitzen im Schneidersitz im Kreis auf dem Boden. Die Handinnenflächen liegen auf den Oberschenkeln.

Pinke Pank, der Schmied ist krank!

Text u. Musik: trad.

Spielablauf:
Während das Lied gesungen wird, machen die Kinder ihren Rücken rund und anschließend wieder gerade. Die Strophe einige Male wiederholen.

Ziehe durch die goldene Brücke

Förderbereich:	Kraft
Gruppengröße:	beliebig
Material:	1 Langbank

Aufbau und Aufstellung:
Die Bank wird in der Mitte des Raumes aufgestellt. Alle Kinder positionieren sich parallel zur Langbank in einer Reihe und blicken mit dem Gesicht zur Bank.

Ziehe durch die goldene Brücke

Text u. Musik: F. M. Böhme

Spielablauf:
Die Kinder legen die Handinnenflächen auf die Bank und gehen mit den Füßen so weit nach hinten, bis Schultern und Oberkörper wie ein Brett eine Linie bilden. Die Arme sind dabei gestreckt. Dann wird das Lied mehrmals hintereinander gesungen. Anschließend die Arme ausschütteln.

Tipp:
Alternativ können sich die Kinder mit zwei Fußlängen Abstand von einer Wand entfernt und mit dem Gesicht zu dieser Wand aufstellen. Dann werden die Hände in Schulterhöhe an die Wand gelegt und die Ellenbogen gebeugt. Nun lassen alle ihren ganzen gespannten Körper in Richtung Wand sinken.

Wir öffnen jetzt das Taubenhaus

Förderbereich:	Kraft
Gruppengröße:	beliebig
Material:	je 1 Stuhl und 1 Übungsband pro Kind

Aufstellung:
Alle Kinder sitzen auf Stühlen im Kreis.

Wir öffnen jetzt das Taubenhaus

Text: trad., Musik: A. Künstler

(aus: Anne-Bärbel Münchmeier, Spielen mit kleinen Kindern und Babys. Ideen – Anregungen – Spielzeug im Test, © 1985 Rowohlt Taschenbuch Verlag GmbH, Reinbek bei Hamburg)

Spielablauf:
Jedes Kind erhält ein Übungsband. Die beiden Enden des Bandes werden jeweils ein- bis zweimal um die Hände gewickelt. Die Handinnenflächen liegen dabei in Brusthöhe aneinander.

Wir öffnen jetzt das Taubenhaus,
die Täubchen, sie fliegen so froh hinaus,

Die Hände waagerecht nach außen bewegen und dabei die Handinnenflächen nach vorne drehen; dreimal wiederholen

sie fliegen über das weite Feld,
wo's ihnen gar so gut gefällt.

Die Hände parallel zueinander auf die Knie legen und sie im Wechsel einzeln diagonal nach oben ziehen; fünfmal wiederholen

Bald kehren sie heim zur süßen Ruh,
dann schließen wir wieder das Taubenhaus zu.

Die Hände wieder in Brusthöhe öffnen und schließen; s. o.

Staffelspiele

Der Stab gehört uns beiden

Förderbereich:	Ausdauer
Gruppengröße:	2 Teams mit jeweils 12 Kindern
Material:	4 Pylonen, 4 Staffelstäbe (oder kurze, glatte Rundhölzer), 2 Langbänke

Aufbau und Aufstellung:
Zwei der Pylonen werden in den beiden Ecken einer Wand des Raumes aufgestellt, und zwar so, dass jeweils ein Kind hinter der Pylone vorbeilaufen kann. Die beiden anderen Pylonen stehen an derselben Wand, jedoch in einigem Abstand voneinander und in der Mitte der Wand. Auch sie werden so platziert, dass ein Kind diese Pylonen umrunden kann. Die beiden Langbänke stehen, wie in der Skizze angegeben, parallel zueinander in der Mitte des Raumes.
Die beiden Teams stellen sich in den Ecken des Raumes auf, die dem äußeren Pylonenpaar gegenüberliegen. Dabei stehen die Kinder immer paarweise hinter-

einander. Die jeweils ersten beiden Paare jedes Teams erhalten einen Staffelstab, den die zwei Partner an den beiden Enden halten und so zwischen sich tragen.

Spielablauf:
Auf ein Startsignal hin läuft das jeweils erste Kinderpaar aus beiden Teams los. Die Laufstrecke führt zur äußeren, in der Ecke stehenden Pylone, hinten an dieser vorbei und zur zweiten, in der Mitte der Wand stehenden Pylone. Nachdem auch diese umrundet ist, geht es weiter zur Langbank. Sie wird so der Länge nach passiert, dass sich ein Partner links und der andere rechts von ihr befindet. Schließlich geht es zurück zum Team, wo der Staffelstab an das nächste Kinderpaar übergeben wird. Das zweite Kinderpaar, das bereits von Beginn an ebenfalls einen Staffelstab besitzt, darf starten, sobald das erste Paar die Bank passiert hat.

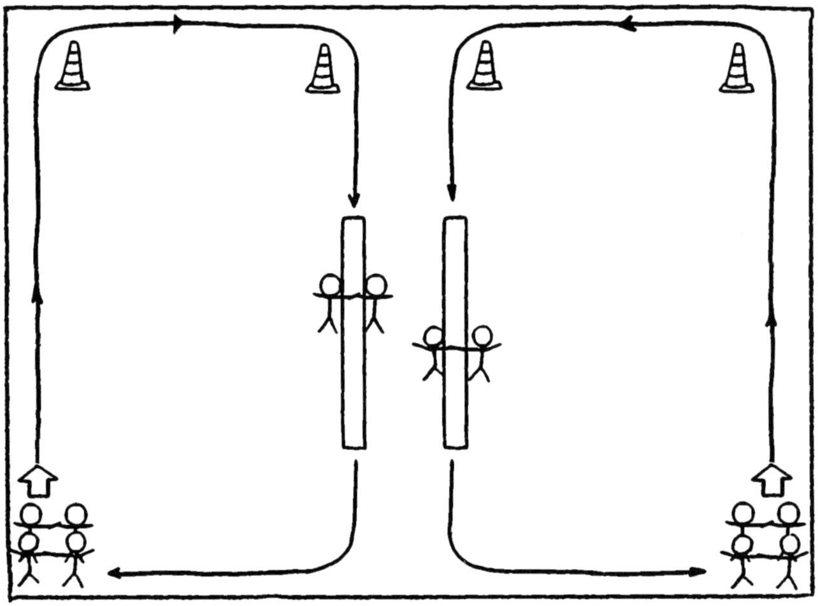

Es versteht sich von selbst, dass der Stab während der gesamten Laufstrecke von beiden Kindern gehalten werden muss. Das Team, das die Strecke zuerst dreimal gelaufen ist, hat gewonnen.

Running Quartett

Förderbereich:	Schnelligkeit
Gruppengröße:	4 Teams mit jeweils 6 Kindern
Material:	4 thematisch unterschiedliche Quartettspiele (z. B. Flugzeuge, Schiffe, Autos, Tiere, Fußball etc.), jedoch mit gleicher Kartenrückseite, 4 Reifen, 4 Staffelstäbe (oder kurze, glatte Rundhölzer)

Aufbau und Aufstellung:
Aus jedem der vier Quartettspiele werden zehn Karten herausgesucht. Diese 40 Karten werden gut gemischt und in einem rechteckigen Feld von 5 mal 8 Karten auf der den Kindern gegenüberliegenden Seite des Raumes verdeckt ausgelegt. Zwischen den einzelnen Karten sollte dabei etwas Abstand gelassen werden. Die Kinder jedes der vier Teams stellen sich am anderen Ende des Raumes hintereinander auf. Die Teams stehen in einigem Abstand nebeneinander, und neben jedem Team wird ein Reifen platziert. Die jeweils ersten Kinder jedes Teams erhalten einen Staffelstab.

Spielablauf:
Zunächst wird jedem der vier Teams eines der Quartettkarten-Themen zugeteilt. Die Aufgabe ist es nun, dass jedes Team alle zehn Karten mit diesem Thema aus dem gegenüberliegenden Kartenfeld herausfindet. Auf ein gemeinsames Start-

signal hin laufen die vorne stehenden Kinder aus jedem Team mit dem Staffelstab durch den Raum zu den ausgelegten Spielkarten. Jedes Kind darf eine der Karten umdrehen. Hat es die für seine Mannschaft passende Karte gefunden, dann darf es diese mitnehmen und in den Reifen neben seinem Team legen. Deckt es dagegen eine Karte auf, die zu einem der anderen Teams gehört, so wird diese Karte wieder verdeckt zurückgelegt, und das Kind läuft ohne Fund zu seiner Mannschaft zurück. Dort übergibt es den Staffelstab an das nächste Kind, das seinerseits sofort losrennt. Gewonnen hat das Team, dem es als erstes gelungen ist, all seine Karten einzusammeln.

Running Memo

Förderbereich:	Schnelligkeit
Gruppengröße:	2 Teams mit jeweils 12 Kindern
Material:	2 Memo-Spiele, 4 Reifen, 3 Pylonen, 2 Staffelstäbe (oder kurze, glatte Rundhölzer)

Aufbau und Aufstellung:
Zwei der Reifen werden in die Mitte des Raumes gelegt, wobei jeder Reifen einem der beiden Teams gehört. In jedem dieser Reifen liegt jeweils ein gut gemischtes Memo-Spiel, mit der Rückseite der Karten nach oben. Während sich die beiden Mannschaften in einer Ecke des Raumes aufstellen, werden die beiden anderen Reifen in die zwei Ecken auf der den Kindern gegenüberliegenden Raumseite platziert. Auch hier gehört ein Reifen zu jedem der Teams. Vor diesen beiden Reifen wird je eine Pylone so aufgestellt, dass die Kinder zwischen Pylone und Reifen hindurchlaufen können, ohne an die Reifen zu stoßen. Die dritte Py-

lone steht in der noch freien Ecke. Die jeweils ersten Kinder jeder Mannschaft erhalten ein Staffelholz.

Spielablauf:
Auf ein gemeinsames Startsignal hin rennen die ersten Kinder aus beiden Teams los. Die Laufstrecke führt, wie in der Skizze angegeben, zunächst um die drei Pylonen herum. Nachdem die Kinder die dritte Pylone passiert haben, laufen sie zu ihrem Reifen in die Mitte des Raumes, nehmen dort eine Memo-Karte auf und laufen dann wieder zu ihrem jeweiligen Team zurück. Dort übergeben sie ihren Staffelstab an den nächsten Spieler ihres Teams, der den gleichen Weg zurücklegt.
Der erste Spieler läuft aber unterdessen ebenfalls weiter. Er rennt zu dem Eckreifen seines Teams, wo er seine Memo-Karte offen ablegt, sodass sie für den nächsten Memo-Karten-Lieferanten seines Teams gut sichtbar ist. Dann läuft er wieder zu seiner Mannschaft zurück. Natürlich müssen am Ende die passenden Memo-Karten aufeinanderliegen. Gewonnen hat das Team, das als erstes sein Memo-Spiel komplett in dem Eckreifen sortiert hat.

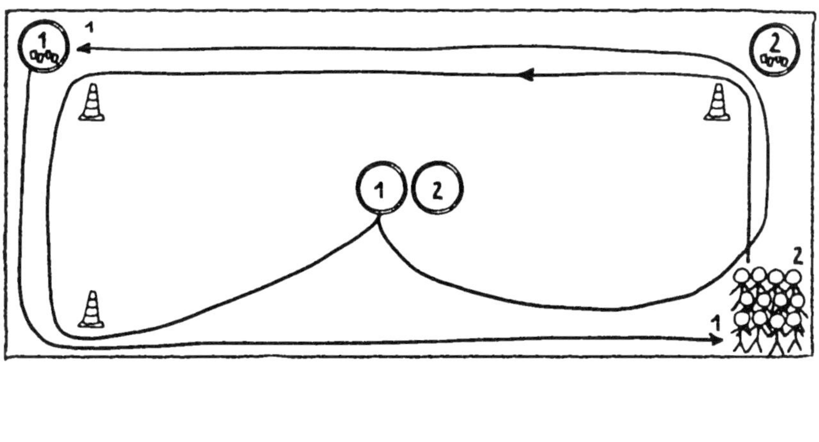

Laufweg
Team 1

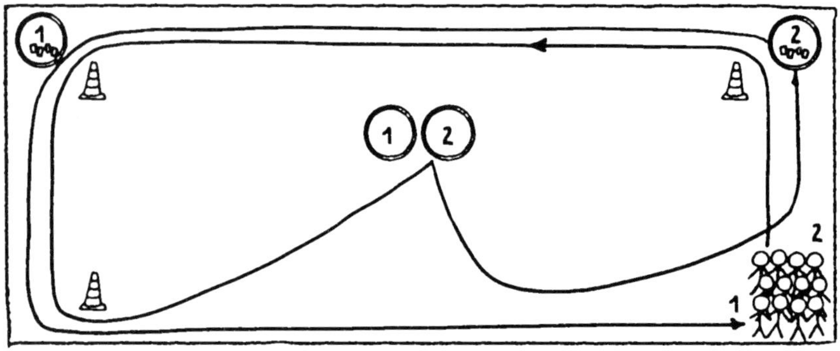

Laufweg
Team 2

Kreuzstaffel

Förderbereich:	Schnelligkeit
Gruppengröße:	4 Teams mit jeweils 6 Kindern
Material:	4 Staffelstäbe (oder kurze, glatte Rundhölzer)

Aufstellung:
Jeweils vier Dreier-Mannschaften stellen sich mit einigem seitlichen Abstand voneinander an den zwei gegenüberliegenden Wänden des Raumes auf. Dabei bildet die erste Mannschaft auf der einen Seite des Raumes ein Team mit der dritten Mannschaft auf der gegenüberliegenden Seite und die zweite Mannschaft ein Team mit der vierten auf der anderen Seite. Die dritte Mannschaft bildet ein Team mit der ersten auf der gegenüberliegenden Seite und die vierte mit der zweiten (siehe Skizze). Die Kinder in allen Dreier-Mannschaften stehen hintereinander.

Spielablauf:
Die jeweils ersten Kinder der Mannschaften auf der einen Seite erhalten einen Staffelstab. Auf ein gemeinsames Startsignal hin laufen sie zu ihren jeweiligen Teamkameraden auf der anderen Seite, übergeben den Stab dort an das vorne stehende Kind und stellen sich hinten in dieser Dreier-Mannschaft an. Das Kind, das jetzt den Stab trägt, läuft zurück auf die andere Seite zu seinen Teammitgliedern usw. Gewonnen hat das Team, das als erstes wieder alle Mitglieder in der Startaufstellung stehen hat.

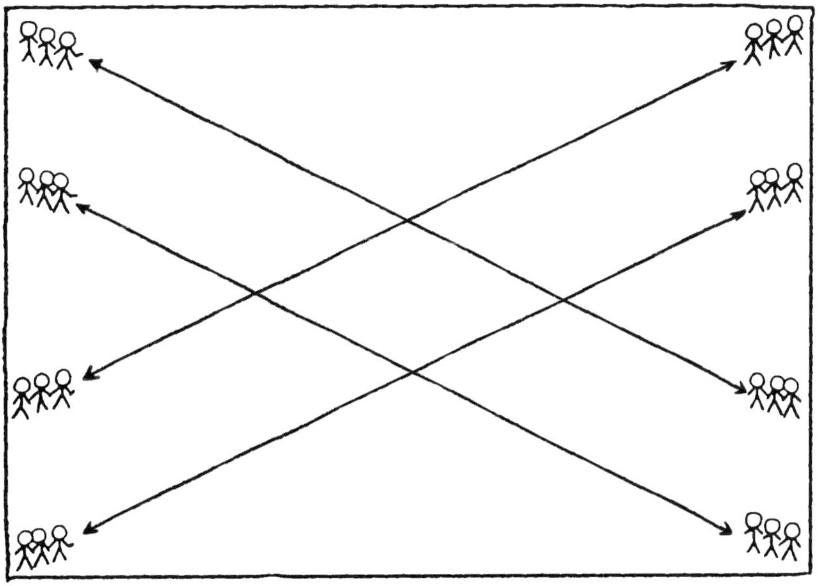

Windmühle

Förderbereich:	Schnelligkeit
Gruppengröße:	6 Teams mit jeweils 4 Kindern
Material:	6 Staffelstäbe (oder kurze, glatte Rundhölzer)

Aufstellung:
Die Kinder bilden sechs Reihen zu je vier Mitspielern. Diese Reihen stellen sich wie die Flügel einer Windmühle auf, deren Achse sich in der Mitte des Raumes befindet. Die Mitglieder einer jeden Mannschaft stehen dabei hintereinander, mit dem Blick nach außen gewandt. Die jeweils außen befindlichen Kinder jedes Mühlenflügels erhalten einen Staffelstab.

Spielablauf:
Auf ein gemeinsames Startsignal hin laufen die ganz außen stehenden Kinder los, im Uhrzeigersinn rechts um die Windmühle herum. Sobald sie ihren Windmühlenflügel wieder erreicht haben, übergeben sie den Staffelstab an das weiter innen stehende Kind und stellen sich selbst ans Ende ihrer Reihe. Das Team, bei dem alle Mitglieder den Kreis auf diese Weise dreimal umrundet haben, hat gewonnen.

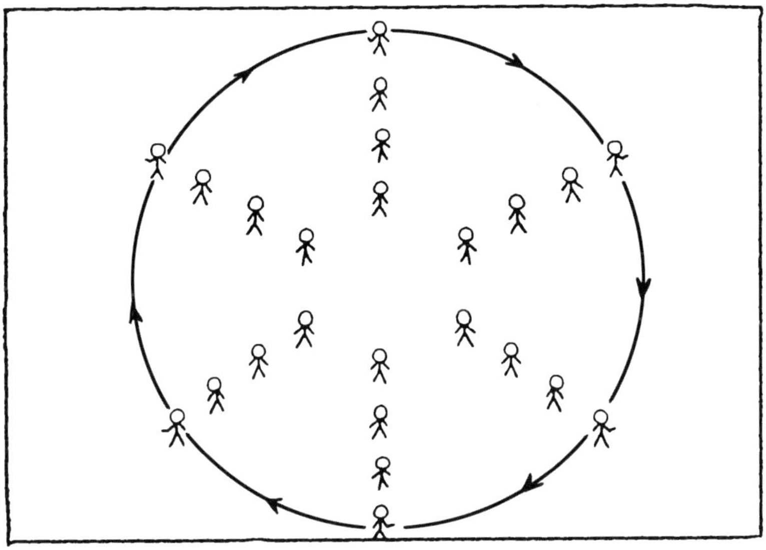

Banküberfall

Förderbereich: Schnelligkeit, Ausdauer
Gruppengröße: 4 Teams mit jeweils 6 Kindern
Material: 16 Plastikschüsseln o. Ä., 72 Bausteine, 4 Staffelstäbe (oder kurze, glatte Rundhölzer); wenn das Spiel im Freien gespielt wird: 16 Eimer, 4 Schwämme, 4 Staffelstäbe (oder kurze, glatte Rundhölzer), Wasser

Aufbau und Aufstellung:
Die vier Teams stellen sich in einigem Abstand voneinander an einem Ende des Raumes auf. Dabei stehen die Mitglieder jedes Teams in einer Reihe hintereinander. An der gegenüberliegenden Wand werden vor jedem Team jeweils drei Schüsseln mit je sechs Bausteinen platziert. Neben jedem Team steht eine weitere, jedoch leere Schüssel. Die jeweils ersten Kinder der Teams erhalten einen Staffelstab.

Spielablauf:
Gerade haben die Direktoren der vier Banken der Stadt eine ernst zu nehmende Warnung erhalten: Eine der Banken soll überfallen werden, allerdings ist nicht bekannt, welche es sein wird. Darum müssen alle Banken schnell ihre Goldbarren in den sicheren Tresor im Keller bringen. Die Barren sind jedoch so schwer, dass jeder Mitarbeiter immer nur einen Goldbarren auf einmal tragen kann.
Auf ein gemeinsames Startsignal hin rennen die ersten Kinder jeder Mannschaft auf die andere Seite des Raumes zu der links stehenden ihrer drei Schüsseln. Dort nehmen sie einen Goldbarren und bringen ihn zurück zur Mannschaft, wo sie ihn in die noch leere Schüssel geben. Dann laufen sie zur mittleren Schüssel, wo sie sich den nächsten Goldbarren greifen und zurückbringen. Nachdem auch der dritte Goldbarren, diesmal aus der rechten Schüssel, im sicheren Tresor liegt, wird der Staffelstab an den nächsten Läufer übergeben.
Die Mannschaft, die als erstes ihr komplettes Gold in Sicherheit gebracht hat, ist in jedem Fall vor den Bankräubern sicher.

Tipp:
Im Sommer macht dieses Spiel im Garten noch viel mehr Spaß. Anstelle der Bausteine kann dort z. B. Wasser mit einem großen dicken Schwamm transportiert werden, der dann in einem bei der Gruppe stehenden Eimer ausgedrückt wird. Pro Team werden dafür neben den Staffelstäben vier Eimer und ein Schwamm benötigt.

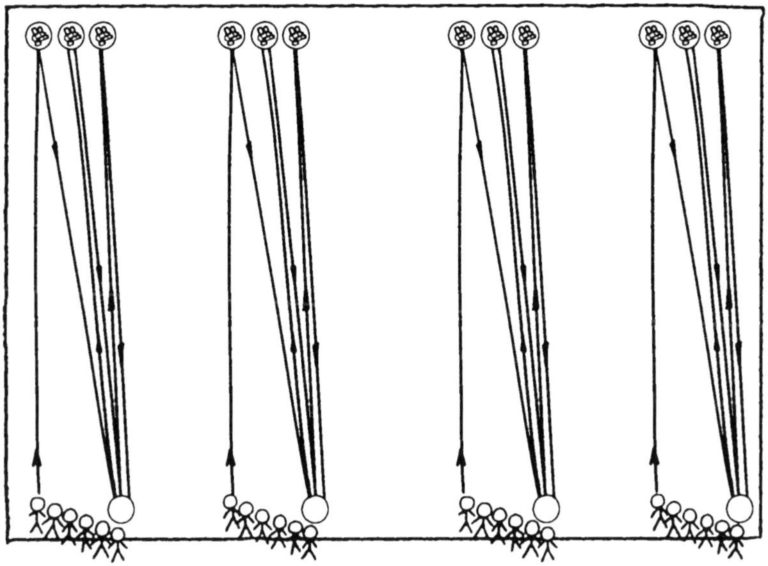

Hungrige Vogelküken im Nest

Förderbereich:	Schnelligkeit, Ausdauer
Gruppengröße:	6 Teams mit jeweils 4 Kindern
Material:	144 Bausteine, 1 Kasten, 6 Staffelstäbe (oder kurze, glatte Rundhölzer), CD-Player mit Laufmusik in einem Tempo von ca. 160 bpm

Aufbau und Aufstellung:
In der Mitte des Raumes steht ein umgedrehter Kasten mit der offenen Unterseite nach oben. Die sechs Teams verteilen sich rundherum an den vier Wänden des Raumes (siehe Skizze), wobei die vier Mitglieder jedes Teams sich hintereinander aufstellen und das vorne stehende Kind einen Staffelstab erhält. Neben jedem Team liegen jeweils 24 Bausteine.

Spielablauf:
Gerade erst sind die kleinen Vögelchen aus dem Ei geschlüpft, und schon haben sie so viel Hunger, dass die Eltern mit dem Füttern kaum noch hinterherkommen. Immer wieder fliegen sie los, um neue Würmer zu suchen und die Küken damit zu füttern.
Die ersten Kinder jedes Teams greifen auf ein gemeinsames Startsignal hin einen Baustein, laufen damit zum Vogelnest (d. h. dem Kasten) und legen ihn dort hinein. Dann laufen sie zum jeweils im Uhrzeigersinn benachbarten Team, um sich dort erneut einen Baustein zu nehmen und diesen ebenfalls zu den Vogelkindern zu bringen. Sobald ein Kind auf diese Weise wieder bei seiner eigenen Mannschaft angekommen ist, übergibt es den Staffelstab an den nächsten Mitspieler, der damit und mit einem weiteren Baustein sofort losläuft usw. Das Team, welches als erstes wieder komplett in Startaufstellung an seinem Platz steht, hat gewonnen.

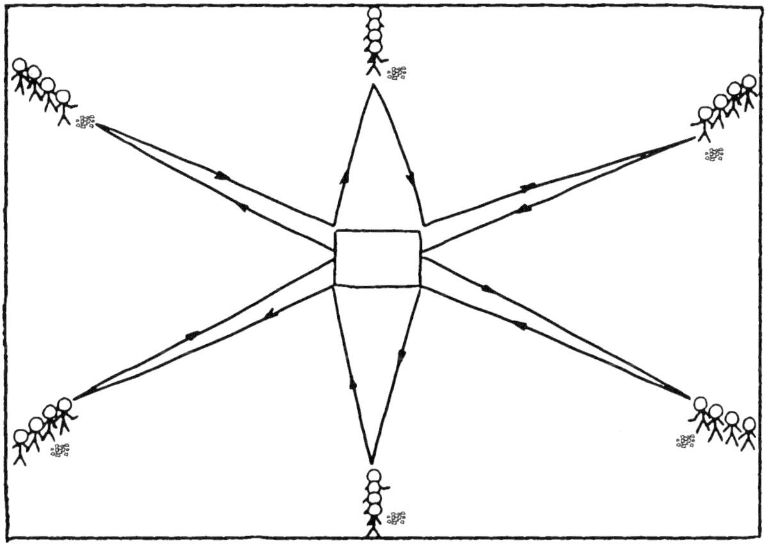

Vorwärts, rückwärts, Seitgalopp

Förderbereich:	Schnelligkeit, Beweglichkeit
Gruppengröße:	2 Teams mit jeweils 12 Kindern
Material:	6 Pylonen, 2 Staffelstäbe (oder kurze, glatte Rundhölzer)

Aufbau und Aufstellung:
Mit den sechs Pylonen werden die Wendepunkte der Laufstrecke der beiden Mannschaften markiert: Dazu werden zwei Pylonen in die beiden Ecken einer Wand des Raumes in einigem Abstand voneinander platziert, sodass die Kinder hinter ihnen herumlaufen können. Zwei weitere Pylonen werden an derselben

Wand mittig aufgestellt. Auch sie werden so positioniert, dass ein Kind diese Pylonen umrunden kann. Die beiden restlichen Pylonen stehen, wie in der Skizze angegeben, am Ende der Geraden, die von den Pylonen Nr. 3 und 4 zur gegenüberliegenden Wand führt.
Die beiden Mannschaften stellen sich in den Ecken des Raumes auf, welche den Eckpylonen gegenüberliegen. Alle Kinder einer Mannschaft stehen dabei hintereinander. Die jeweils ersten Läufer jedes Teams erhalten einen Staffelstab.

Spielablauf:
Auf ein gemeinsames Startsignal hin rennen die ersten Kinder jedes Teams vorwärts zur ersten, in der gegenüberliegenden Ecke befindlichen Pylone. Von dort aus geht es im Seitgalopp weiter zur zweiten Pylone an dieser Raumwand. Ist auch diese umrundet, so führt der Weg im Rückwärtslauf zurück zur Pylone auf der anderen Seite des Raumes. Nachdem diese passiert ist, wechseln die Läufer erneut in den Seitgalopp und bewegen sich auf diese Weise wieder zurück zu ihrem Team. Dort wird der Staffelstab an den nächsten Läufer übergeben. Sieger ist das Team, das als erstes wieder in Startaufstellung an seinem Ausgangspunkt steht.

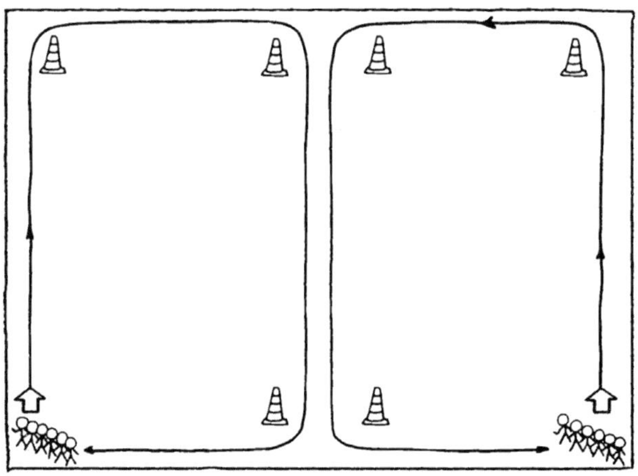

Sitzstart

Förderbereich:	Schnelligkeit, Beweglichkeit
Gruppengröße:	4 Teams mit jeweils 6 Kindern
Material:	28 Pylonen, 4 Staffelstäbe (oder kurze, glatte Rundhölzer)

Aufbau und Aufstellung:
Jede Mannschaft erhält sieben Pylonen, die, wie in der Skizze dargestellt, auf ihrer Laufstrecke in einem Abstand von circa 50 cm voneinander aufgestellt werden. Die Mannschaften positionieren sich mit einigem Abstand nebeneinander an einer Seite des Raumes. Dabei sitzen die Kinder jeder Mannschaft im Schneidersitz hintereinander. Die jeweils vorne sitzenden Läufer jedes Teams erhalten einen Staffelstab.

Spielablauf:
Auf ein gemeinsames Startsignal hin stehen die vorne sitzenden Kinder jedes Teams auf und laufen vorwärts in einer Geraden zur gegenüberliegenden Seite des Raumes. Dabei lassen sie ihre Pylonen rechts liegen. Nachdem sie an der gegenüberliegenden Wand angeschlagen haben, laufen sie im Seitgalopp zur ersten Pylone. Dann durchlaufen sie im Slalom die Pylonen, ohne dabei jemals ihre Blickrichtung zu ändern. Haben sie die letzte Pylone passiert, dann dürfen sie so schnell wie möglich vorwärts zu ihrer Mannschaft zurücklaufen und dem nächsten Kind den Staffelstab übergeben.

Tipp:
Falls an der gegenüberliegenden Wand eine entsprechend große Sprossenwand zur Verfügung steht, kann diese in das Spiel eingebaut werden: einfach eine Weichbodenmatte davorlegen, und dann gilt es, die Sprossen hinaufzuklettern, um die Wand über der letzten Sprosse der Sprossenwand anzuschlagen.

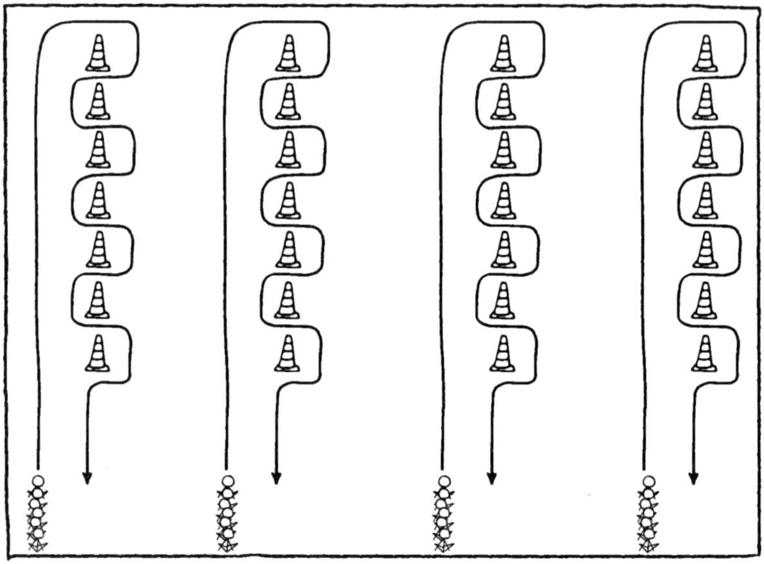

Rennen und drehen

Förderbereich:	Schnelligkeit, Beweglichkeit
Gruppengröße:	4 Teams mit jeweils 6 Kindern
Material:	8 Pylonen, 4 Staffelstäbe (oder kurze, glatte Rundhölzer)

Aufbau und Aufstellung:
Jede Mannschaft erhält zwei Pylonen. Die erste davon wird in der Mitte der Geraden platziert, die von der jeweiligen Mannschaft zur gegenüberliegenden Wand

verläuft. Die zweite Pylone markiert den Wendepunkt des Laufkurses und steht dementsprechend am gegenüberliegenden Ende des Raumes (siehe Skizze).
Die vier Mannschaften stellen sich mit einigem Abstand nebeneinander an der einen Seite des Raumes auf. Dabei stehen die Kinder jeder Mannschaft hintereinander, und der jeweils erste Läufer erhält einen Staffelstab.

Spielablauf:
Auf ein gemeinsames Startsignal hin laufen die vorne stehenden Kinder jedes Teams vorwärts zur anderen Raumseite. Sobald sie die erste Pylone rechts von sich passieren, drehen sie sich einmal um die eigene Achse, laufen dann vorwärts weiter, umrunden die zweite Pylone und laufen zurück zu ihrer Mannschaft. Dabei machen sie an der ersten Pylone, die sie nun ebenfalls wieder rechts von sich passieren, eine weitere 360°-Drehung. Am Ausgangspunkt angekommen, übergeben sie den Staffelstab an den nächsten Läufer.

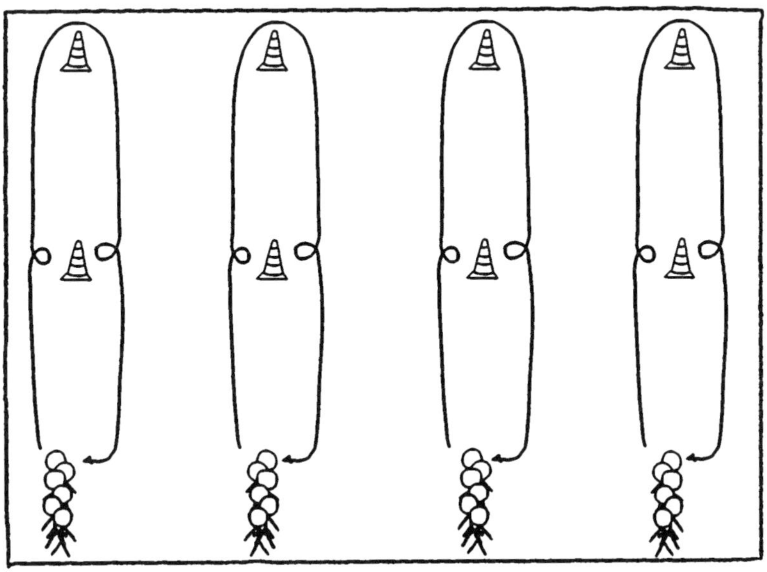

Varianten:
In einem zweiten Durchgang kann die Gerade z. B. in Sidesteps gelaufen werden. Man kann aber auch in einen Durchgang drei verschiedene Bewegungsformen einbauen, z. B. Rückwärtslauf bis zur ersten Pylone, dann Vorwärtslauf bis zur zweiten Pylone und Hüpfen auf der langen Geraden zurück zum Team. Wer dabei eine Bewegungsänderung verpasst, startet einfach noch einmal.

1/2-Rechteck

Förderbereich:	Schnelligkeit
Gruppengröße:	2 Teams mit jeweils 12 Kindern
Material:	4 Pylonen, 2 Staffelstäbe (oder kurze, glatte Rundhölzer)

Aufbau und Aufstellung:
Je eine Pylone wird in die beiden Ecken einer Wand des Raumes platziert, sodass die Kinder hinter ihr herumlaufen können. Zwei weitere Pylonen werden auf gleicher Höhe an derselben Wand, jedoch in einigem Abstand voneinander mittig aufgestellt (siehe Skizze).
Die Kinder beider Mannschaften stellen sich in den Ecken des Raumes auf, die den Pylonen gegenüberliegen. Alle Kinder einer Mannschaft stehen dabei hintereinander, und die jeweils ersten Kinder jedes Teams erhalten einen Staffelstab.

Spielablauf:
Der vorne stehende Läufer jeder Mannschaft rennt auf ein Startsignal hin durch den Raum zur Pylone in der gegenüberliegenden Ecke, kehrt dort um und läuft zu seinem Team zurück. Gemeinsam mit dem zweiten Läufer, der nun das andere Ende des Staffelstabs greift, rennt er erneut zur ersten Pylone. Hier lässt der erste

Läufer den Staffelstab los, rennt zur zweiten, in der Mitte der Wand aufgestellten Pylone, wendet dort und läuft an der ersten Pylone vorbei wieder zurück zur Mannschaft. Sein Laufpartner kehrt unterdessen von der ersten Pylone mit dem Staffelstab zurück zum Team und holt dort das nächste Kind ab.

Tipp:
Da das Spiel durch die etwas komplizierte Abgabe des Staffelstabes etwas Konzentration erfordert, kann es natürlich für jüngere Kinder auch ohne das Staffelholz gespielt werden. In diesem Fall geben sich die beiden Kinder, die gemeinsam zur ersten Pylone laufen, einfach die Hände.

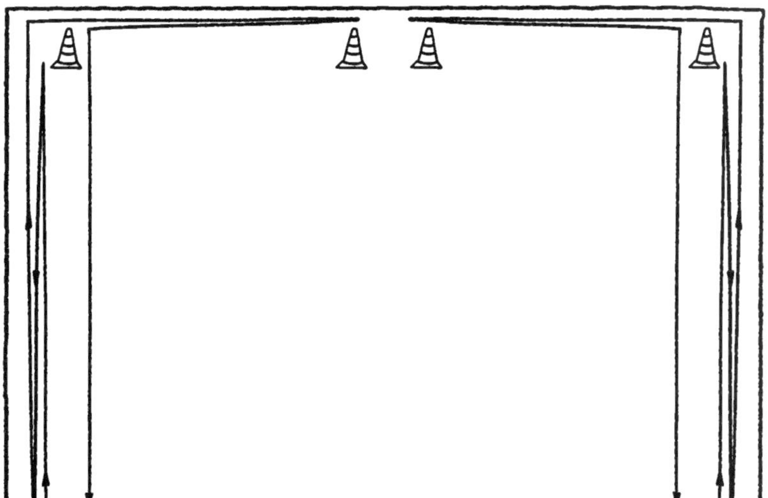

Parcoursspiele

Expedition durch den Dschungel

Förderbereich:	Schnelligkeit, Beweglichkeit, Kraft
Gruppengröße:	beliebig
Material:	1 Trainingsleiter, 1 Langbank, 2 Weichbodenmatten, 1 Sprossenwand, 5 Reifen

Aufbau und Aufstellung:
Die Stationen werden, wie in der Skizze dargestellt, in Laufrichtung im Raum verteilt. Die zweite Weichbodenmatte wird dabei vor die Sprossenwand gelegt. Dann stellen sich alle Kinder hintereinander in der Ecke des Raumes auf, in der sich der Ausgangspunkt des Parcours befindet.

Spielablauf:
Die Expeditionsteilnehmer laufen so schnell wie möglich nacheinander durch den Dschungel.

Der nächste Abenteurer startet immer dann, wenn die Station vor ihm frei ist.

1. *Trainingsleiter:* Der dichte Urwald hat viele Unebenheiten auf dem Boden. Daher geht es hier nur mit vielen kleinen Schritten voran.
2. *Langbank:* Die Brücke über den Fluss ist marode. Damit die Belastung für das Holz nicht zu groß wird und sie nicht einstürzt, muss das eigene Gewicht so gut wie möglich auf ihr verteilt werden. Also heißt es, sich bäuchlings daraufzulegen und den eigenen Körper mit den Armen voranzuziehen.
3. *Weichbodenmatte:* Hier geht es auf dem Po durch einen Sumpf. Vorsicht, dass niemand im Sumpf stecken bleibt!
4. *Sprossenwand:* Gejagt von einem wilden Tier, retten sich die Expeditionsteilnehmer auf einen Baum. Als das Tier merkt, dass es ihnen nicht folgen kann, verschwindet es, und die Abenteurer springen auf die Matte hinunter.
5. *Reifen:* Vorsicht! Tierfänger haben Fallen aufgestellt. So gilt es aufzupassen, dass niemand aus Versehen in sie hineintritt. Daher am besten nur beidbeinig von einem Reifen zum nächsten springen.

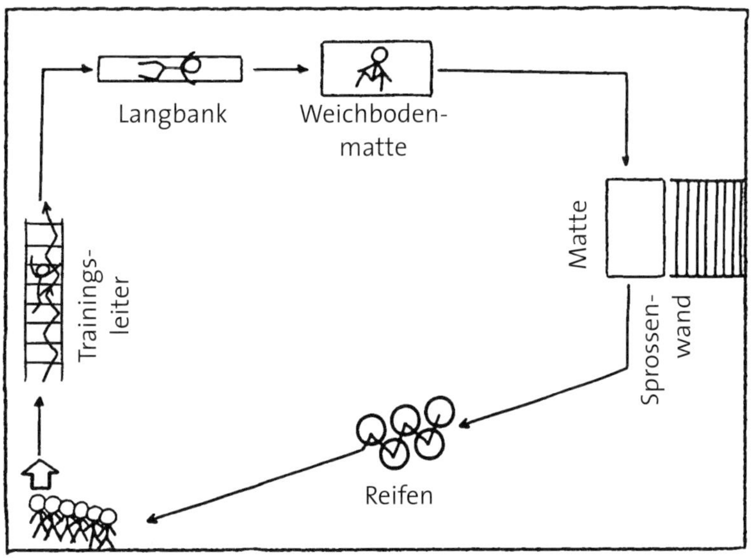

Über Stock und über Stein

Förderbereich:	Schnelligkeit, Beweglichkeit, Kraft
Team:	2 Teams mit jeweils 12 Kindern
Material:	5 Seile oder Hosenbandgummis, 3 Reifen, 24 Tücher, 2 Langbänke, 1 große Weichbodenmatte, Befestigungsmöglichkeiten für die Seile (siehe Tipp)

Aufbau und Aufstellung:
Die Startpunkte für die zwei Teams befinden sich in den beiden Ecken einer Wand des Raumes. Auf den ersten beiden Laufgeraden der zwei Teams wird in Laufrichtung je ein Seil mit einer Länge von circa 1,50 m auf dem Boden ausgelegt. Am Ende dieser beiden Geraden wird jeweils ein Reifen mit zwölf Tüchern platziert. Dann folgt, parallel zu der den Startpunkten gegenüberliegenden Wand, links und rechts je eine Langbank und in der Mitte zwischen diesen Bänken ein weiterer Reifen. In der Mitte des Raumes wird eine große Weichbodenmatte ausgelegt, über die weitere drei Seile gespannt sind. Der vertikale Abstand dieser Seile zur Matte sollte circa 25 cm betragen. Die Kinder beider Teams stellen sich an den jeweiligen Startpunkten in einer Reihe hintereinander auf.

Spielablauf:
Der erste Läufer jeder Mannschaft rennt auf ein Startsignal hin zum Seil und setzt seine Hände rechts und links parallel zum Seil auf den Boden auf. Die Füße sind dabei geschlossen und befinden sich auf einer Seite des Seils, z. B. rechts davon. Dann wird mit beiden Füßen gleichzeitig auf die linke Seite des Seils, aber zugleich auch etwas weiter nach vorne gesprungen. Die Hände werden daraufhin weiter vorne aufgesetzt, die Füße springen wieder zurück nach rechts und erneut etwas weiter nach vorne usw. Ist das Seil auf diese Weise passiert, dann läuft das Kind zum Reifen, nimmt sich ein Tuch und spannt es lang zwischen

seinen Händen. Mit senkrecht über den Kopf gestreckten Armen läuft es über die Bank zum nächsten Reifen, in den es das Tuch wieder hineinlegt. Über die Weichbodenmatte, die mit Sprüngen über die drei Seile (natürlich aus dem Stand und mit geschlossenen Beinen) passiert werden muss, geht es zurück zur eigenen Mannschaft, wo der nächste Läufer abgeklatscht wird und somit starten darf.

Tipp:
Die Seile bzw. Gummibänder können z. B. an Stuhlbeinen befestigt oder von zwei Kindern gehalten werden.

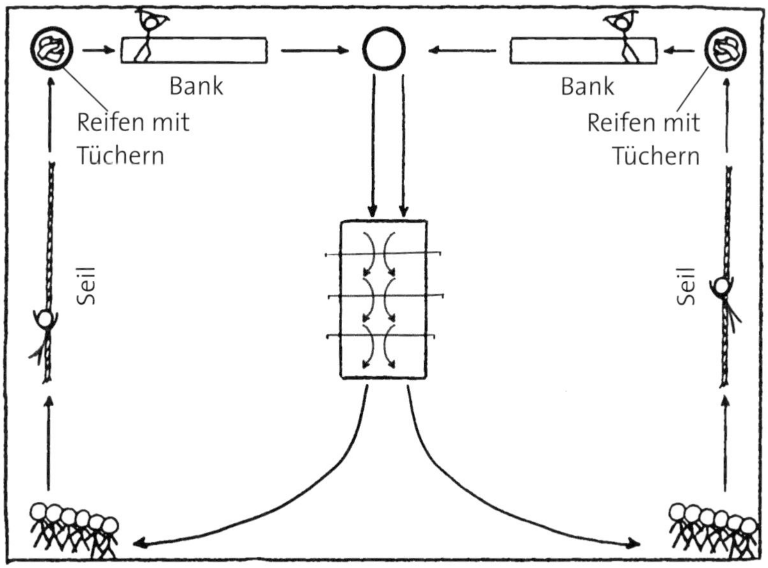

Bunte Beweglichkeit

Förderbereich:	Schnelligkeit, Beweglichkeit
Gruppengröße:	beliebig
Material:	12 bunte Sportfliesen

Aufbau und Aufstellung:
Die Sportfliesen werden so im Raum verteilt, dass ein Laufparcours entsteht. Alle Kinder stellen sich hintereinander in eine Ecke des Raumes, die den Anfang des Laufparcours bildet.

Spielablauf:
Die Kinder laufen hintereinander so schnell wie möglich von einer Fliese zur nächsten. Jede Fliese wird dabei mit einem bestimmten Körperteil berührt, das zuvor der jeweiligen Farbe der Fliese zugeordnet wurde, also z. B.:

- Alle roten Fliesen werden mit einer der Hände angefasst.
- Alle blauen Fliesen werden mit einem der Ellenbogen angetippt.
- Alle gelben Fliesen werden mit dem Po berührt.
- Alle grünen Fliesen müssen mit einem Knie in Kontakt kommen usw.

Wer kann den Parcours auf diese Weise am schnellsten meistern?

Tipps:
Falls keine Sportfliesen vorhanden sind, können auch farbige Ringe im Raum platziert werden. Gegebenenfalls ist es auch möglich, Papierkreise aus buntem Kartonpapier auszuschneiden.
Damit sich die Kinder nicht merken müssen, welches Körperteil zu welcher Farbe gehört, kann man auch Skizzen von Strichmännchen neben die einzelnen Fliesen legen (oder diese gleich auf die bunten Papierkreise zeichnen), auf denen mit einem Pfeil angegeben ist, welches Körperteil gerade dran ist.

Vom Einsammeln und Auflösen

Förderbereich:	Ausdauer, Schnelligkeit
Gruppengröße:	3 Teams mit jeweils 8 Kindern
Material:	15 Pylonen, 3 kleine Kästen, evtl. 3 große Weichbodenmatten

Aufbau und Aufstellung:
Auf der Geraden, die von jedem der drei Kinderteams zur gegenüberliegenden Seite des Raumes führt, werden hintereinander je vier Pylonen aufgestellt. Dahinter folgt jeweils ein kleiner Kasten sowie am anderen Ende des Raumes je eine weitere Pylone als Wendepunkt.
Die drei Teams stellen sich an einer der Längsseiten des Raumes mit einigem Abstand voneinander auf, dabei stehen die Mitglieder der einzelnen Mannschaften jeweils hintereinander.

Spielablauf:
Auf ein gemeinsames Startsignal hin rennen die vorne stehenden Kinder der drei Teams los. Ihr Weg führt im Slalom um die vier Pylonen herum, zum Kasten, den sie einmal umrunden, und anschließend zur letzten Pylone, hinter der sie umkehren und so schnell wie möglich zu ihrer Mannschaft zurücklaufen. Dort nehmen sie das zweite Kind an die Hand, mit dem sie nun gemeinsam den Parcours erneut absolvieren. Auf diese Weise wird verfahren, bis alle acht Teammitglieder gemeinsam die Laufstrecke zurücklegen.
Kehrt ein Team mit allen acht Kindern zur Ausgangsposition zurück, dann löst sich das erste Kind wieder von der Mannschaft und geht nicht mehr mit auf den Parcours. Im nächsten Durchgang scheidet das nun vorne laufende Kind aus usw., bis das gesamte Team wieder in seiner Ausgangsaufstellung am Start- bzw.

Zielpunkt steht. Gewonnen hat das Team, welches seine Achter-Kette als erstes wieder aufgelöst hat.

Tipp:
Wenn zwei oder drei große, dicke Weichbodenmatten zur Verfügung stehen, können diese in den Parcours eingebaut werden. Die Kinder müssen dann über die Matten laufen, was ihre Beinmuskulatur kräftigt.

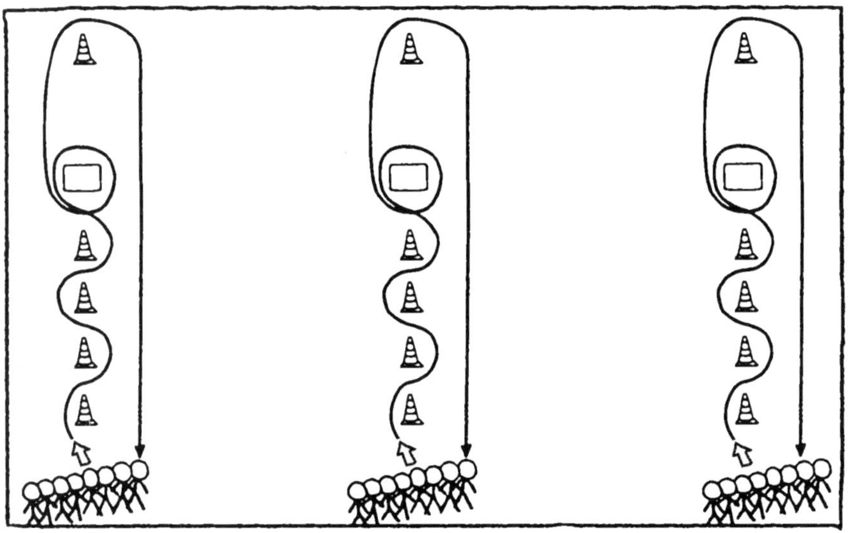

Bewegungsparcours

Förderbereich:	Schnelligkeit, Beweglichkeit, Kraft
Gruppengröße:	beliebig
Material:	1 Langbank, 1 Weichbodenmatte, 5 Streifen Kreppklebeband mit ca. 10 cm Länge, 2 Seile, 4 bis 6 Reifen

Aufbau und Aufstellung:
Die Stationen werden, wie in der Skizze angegeben, in Laufrichtung im Raum verteilt. Dabei wird die Langbank mit der Sitzseite nach unten auf den Boden gelegt. Die Weichbodenmatte wird an die Wand des Raumes gelehnt, die Kreppklebestreifen werden in einigem Abstand voneinander in verschiedenen Höhen waagerecht auf der Matte angebracht. Dabei sollte die tiefste Markierung ungefähr in Kniehöhe des kleinsten Kindes und die höchste Markierung etwas über Hüfthöhe des größten Kindes der Gruppe angebracht sein.
Alle Kinder stellen sich in einer Ecke des Raumes, am Ausgangspunkt des Parcours, hintereinander auf.

Spielablauf:
Die Kinder durchlaufen so schnell wie möglich nacheinander den Parcours. Dabei startet das jeweils nächste Kind sobald die Station vor ihm frei ist.

1. *Langbank:* darüberbalancieren
2. *Seile:* die beiden Seile hintereinander mit geschlossenen Beinen seitlich im Zickzack überspringen
3. *Weichbodenmatte:* nacheinander mit einem Bein über jede Markierung kicken
4. *Reifen:* mit „Hasenhüpfern“ durch die hintereinanderliegenden Reifen hüpfen; dazu in den Vierfüßlerstand gehen. Die beiden Hände in den jeweils vor einem liegenden Reifen setzen und anschließend mit beiden Beinen gleichzeitig hinterherspringen.

Tipp:
Wenn genügend Geräte vorhanden sind, kann der Parcours auch ein zweites Mal, parallel zum ersten, aufgebaut werden.

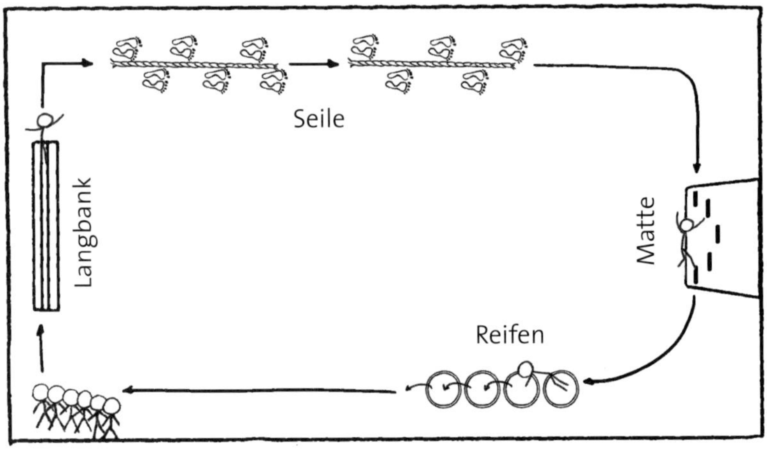

Im Zoo

Förderbereich:	Schnelligkeit, Beweglichkeit, Kraft
Gruppengröße:	beliebig
Material:	1 Rollbrett, 1 Pylone, 1 Trampolin, 1 höherer Kasten, 1 Langbank, 1 Weichbodenmatte, 2 Seile, einige kleinere Matten

Aufbau und Aufstellung:
Die Stationen werden, wie in der Skizze angegeben, in Laufrichtung im Raum verteilt. Die kleineren Matten werden um den Kasten herumgelegt. Die große

Weichbodenmatte und die Langbank kommen vor die Sprossenwand. Alle Kinder stehen am Startpunkt hintereinander in einer Raumecke.

Spielablauf:
Die Kinder durchlaufen so schnell wie möglich nacheinander den Parcours. Dabei startet das jeweils nächste Kind, sobald die Station vor ihm frei ist.

1. *bei den Krokodilen:* bäuchlings auf das Rollbrett legen und sich mit den Armen vorwärtsziehen, an der Pylone wenden und zurück zum Startpunkt fahren
2. *bei den Kängurus:* auf dem Trampolin springen
3. *bei den Affen:* über den Kasten klettern
4. *bei den Schlangen:* bäuchlings auf die Bank legen und sich mit Händen und Armen an der Bank zur Sprossenwand hochziehen, dann von der Sprossenwand hinunter auf die weiche Matte springen
5. *bei den Krebsen:* im Krebsgang zwischen den Seilen hindurchbewegen, d. h., die Fortbewegung erfolgt zu einer Seite, wobei der Bauch dabei nach oben schaut.

Tipp:
Wenn genügend Geräte vorhanden sind, kann der Parcours auch ein zweites Mal parallel zum ersten aufgebaut werden.

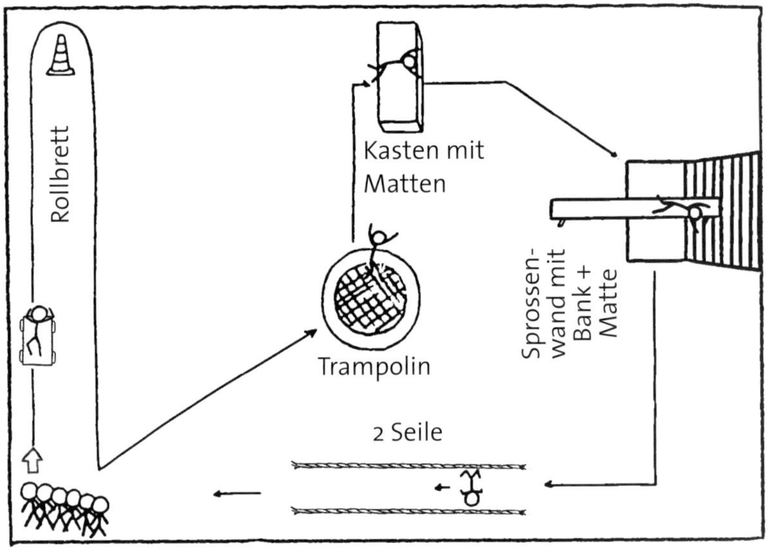

Pferderennen

Förderbereich: Schnelligkeit, Beweglichkeit, Ausdauer
Gruppengröße: beliebig
Material: Seile (halb so viele, wie Kinder mitspielen), 16 Pylonen, 4 lange Holzstäbe, 2 Kästen, 1 Langbank

Aufbau und Aufstellung:
Je vier Pylonen stehen hintereinander an den beiden Längsseiten des Raumes. Die beiden Kästen werden in Verlängerung dieser zwei Pylonenreihen in den

Ecken des Raumes platziert. Die Langbank befindet sich mitten im Raum. An den beiden Stirnseiten des Raumes werden, wie in der Skizze dargestellt, jeweils zwei Sprunghindernisse aufgebaut, indem ein Holzstab auf je zwei Pylonen gelegt wird.
Die Kinder bilden Paare. Einer der Partner übernimmt dabei die Rolle des Pferdes, der andere die des Reiters. Die Paare positionieren sich hintereinander in der linken unteren Raumecke, die den Start- und Zielpunkt darstellt.

Spielablauf:
Jedes Kinderpaar erhält ein Seil, das der Reiter dem Pferd unter den Achseln um die Brust legt. Dann beginnt das Rennen, das zunächst im Slalom um die Pylonen herumführt. Nach einer Runde um den Kasten und einem Sprung über den Oxer, führt die Strecke, wie in der Skizze gezeigt, um die Langbank herum. Danach wiederholt sich der Parcours spiegelbildlich in umgekehrter Reihenfolge. Ist ein Paar wieder am Ziel angekommen, dann werden die Rollen getauscht. Das jeweils nächste Paar kann starten, sobald der vor ihm befindliche Reiter mit seinem Pferd das erste Slalomhindernis passiert hat.

Tipp:
Kinder, die bereits den Pferdehüpfer können, sollten den Parcours in dieser Fortbewegungsart meistern.

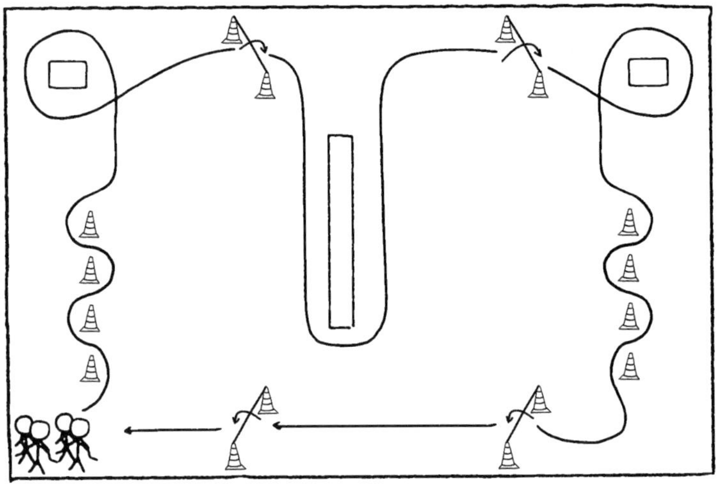

Querfeldein

Förderbereich:	Ausdauer
Gruppengröße:	4 Teams mit jeweils 6 Kindern
Material:	4 Pylonen, 4 Kästen

Aufbau und Aufstellung:
Die vier Pylonen werden in den vier Ecken des Raumes aufgestellt. Sie stehen dabei circa einen Meter von der Wand entfernt, sodass die Kinder hinter ihnen vorbeilaufen können. Dabei markieren sie zugleich die Begrenzung des inneren

Lauffeldes. Die Kästen werden in Form eines Quadrats bzw. Rechtecks etwas weiter innen im Raum aufgestellt.
Die Teams positionieren sich in den vier Ecken des Raumes. Dabei fassen sich die Teammitglieder an den Händen und bilden eine Schlange.

Spielablauf:
Alle Teams joggen gleichzeitig an den Wänden entlang um den Raum. Das jeweils erste Kind jeder Schlange löst sich auf Höhe einer der Pylonen von seinem Team und umrundet, wie in der Skizze gezeigt, die vier Kästen im Innenfeld in beliebiger Reihenfolge. Anschließend läuft es zu seiner Mannschaft zurück. Sobald es sich wieder hinten an seine Schlange angehängt hat, startet der nächste Schlangenkopf zum Querfeldeinlauf.

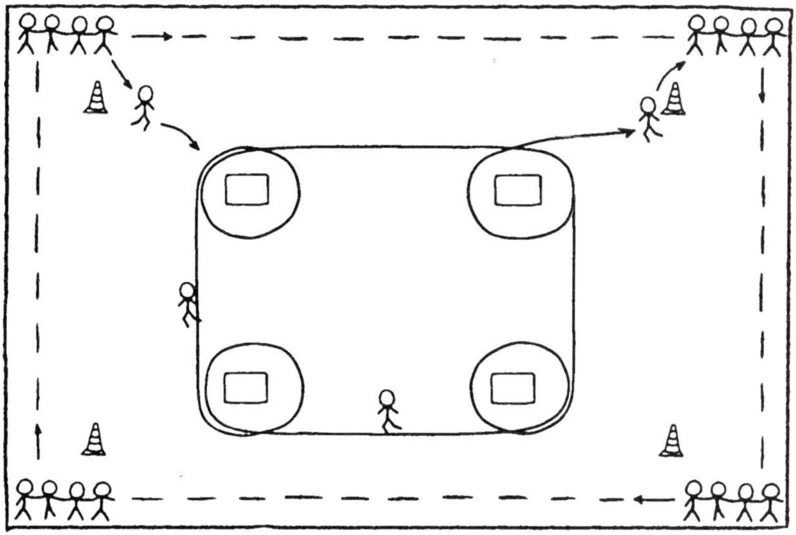

Short Stories

Bei den folgenden Short Stories übernimmt jedes Kind eine Rolle aus der Geschichte, die von der Erzieherin erzählt wird. Sobald diese Rolle in der Geschichte vorkommt, läuft es eine Runde durch den Raum. Wenn die Gruppe größer ist, können auch mehrere Kinder dieselbe Rolle übernehmen.

Im Zirkus

Förderbereich:	Schnelligkeit
Gruppengröße:	mindestens 7 Kinder
Verteilte Rollen:	Bürger, Löwen, Clowns, Akrobaten, Seiltänzer, Zauberer, Zirkusdirektor

Der **Zirkus** kommt in unsre Stadt,
damit ein jeder was zu Staunen hat.
Die **Bürger** sind schon ganz gespannt
und warten nun am Straßenrand.
Manche stehn auch in dem Garten,
es kommen **Löwen**, **Clowns** und **Akrobaten**.
Auch die **Seiltänzer** zieh'n jetzt vorbei,
und **Zauberer** sind mit dabei.

Kaum sind sie am Festplatz angekommen,
haben sie die Nachricht schon vernommen:
Zirkuszelt und Mat'rial, die sind da,
doch der Monteur ist noch in Afrika!
Die **Löwen** werd'n erstmal gefüttert,
doch die **Clowns** sind ganz erschüttert.
Der **Direkto**r ist total schockiert
und jammert nur: „Ich bin blamiert!"

Da kommen **Bürger** angerannt,
und jeder bietet kurzerhand
seine Hilfe bei dem Aufbau an,
fleiß'g arbeiten alle Mann.

Am Abend steht das Zirkuszelt,
die Vorstellung kost' heut kein Geld.
Der **Direktor** sagt **alle Künstler** an,
sie ziehn die **Bürger** in den Bann.

Ein Mantel für den Mond

Förderbereich:	Schnelligkeit
Gruppengröße:	mindestens 2 Kinder
Verteilte Rollen:	Schneider, Mond

Ein **Schneider** reist heut' auf den **Mond**,
will wissen, wer dort oben wohnt.
Den **Mond** erfreut das sichtlich sehr,
denn er hat keinen Mantel mehr.
Er sagt: „Die Nächte sind hier oben kalt:
Du nähst, ich zahl dir Unterhalt."

Der **Schneider** überlegt da gar nicht lange,
ist gleich mit Maßnehmen zugange.
Und so kann schon nach wenigen Tagen
der **Mond** 'nen neuen Mantel tragen.
Er ist zufrieden und erfreut,
hat seinen Auftrag nicht bereut.

Der **Schneider** will gerade gehn,
da schreit der **Mond**: „Hast du mich angesehn?

Dein Mantel ist mir viel zu weit,
ich bin doch nicht so furchtbar breit!“
Der **Schneider** schaut erschrocken drein,
das kann, das darf doch gar nicht sein!

Der Mantel war doch so vollkommen,
doch hat der **Mond** ganz schrecklich abgenommen.
Der **Mond** schaut furchterregend streng,
der **Schneider** näht den Mantel eng.
Der **Mond** ist sehr zufrieden und erfreut,
hat seinen Auftrag nicht bereut.

Der **Schneider** will gerade gehn,
da schreit der **Mond**: „Hast du mich angesehn?
Dein Mantel platzt aus allen Nähten,
soll ich jetzt vielleicht noch diäten?“
Der **Schneider** schaut erschrocken drein,
das kann, das darf doch gar nicht sein!

Der Mantel war doch so vollkommen,
doch hat der **Mond** ganz schrecklich zugenommen.
Der **Schneider** meint, es sei ’ne Kleinigkeit,
und näht den Mantel gschwind ganz weit.
Der **Mond** ist sehr zufrieden und erfreut,
hat seinen Auftrag nicht bereut.

Der **Schneider** will gerade gehn,
da schreit der **Mond**: „Hast du mich angesehn?
Dein Mantel ist mir viel zu weit,
ich bin doch nicht so furchtbar breit!“
Der **Schneider** schüttelt seinen Schopf,
dies Auf und Ab geht nicht in seinen Kopf.

„Lieber **Mond**, mit dem Gewicht
geht das mit einem Mantel nicht.
Ich nähe dir noch zwei dazu,
doch dann lässt du mich bloß in Ruh.
Denn zur Erde kehr' ich gern zurück
und nähe dort ein andres Kleidungsstück.

Die Elster kommt zum Vogelfrühlingsfest

Förderbereich:	Schnelligkeit
Gruppengröße:	mindestens 10 Kinder
Verteilte Rollen:	Amsel, Meise, Spatz, Star, Stieglitz, Drossel, Eule, Krähe, Elster, Specht

In des großen Baums Geäst,
feiern **Vögel** heut ihr Frühlingsfest.
Amsel, **Meise**, **Spatz** und **Star**
sind sogleich als erste da.

Als Nächstes fliegt der **Stieglitz** ein,
die **Drossel** kommt gleich hinterdrein.
Auch die **Eule** will nicht fehlen,
die **Krähe** hört man schon krakelen.

Alle Vögel feiern, sind sehr guter Laune,
doch plötzlich hört man ein Geraune.

Man hört, wie **Spatz** und **Star** sich zoffen,
denn die **Elster** ist grad eingetroffen.

Die **Meise** sagt: „Sie darf nicht fehlen!“
Die **Drossel** meint: „Sie will nur stehlen!“
Partei für sie ergreift der **Specht**:
„Ihr denkt von ihr nur immer schlecht.“

Die **Amsel** nickt: „Und das zu Recht!“
Die **Krähe** mischt sich in das Wortgefecht:
„Die **Elster** will sich auch nur amüsieren,
wir sollten es mit ihr probieren.“

Der **Stieglitz** meint: „Ich bin nicht sicher.“
Von dem **Specht** kommt nur Gekicher.
Die **Elster** sagt: „Ach, bitte, liebe Leute,
ich bin wirklich ehrlich heute!“

Die **Eule** fragt: „Du weißt, dass man nicht bricht,
was man jemandem zuvor verspricht?“
Die **Elster** nickt, und **alle Vögel** sind ganz leise,
da spricht die kleine blaue **Meise**:

„Liebe **Elster**, sei willkommen,
du bist in uns’rem Kreise aufgenommen!“
Alle Vögel jubilieren,
beginnen gleich zu tirilieren.

Farben rennen

Förderbereich:	Schnelligkeit
Gruppengröße:	mindestens 7 Kinder
Verteilte Rollen:	Rot, Blau, Gelb, Weiß, Grün, Schwarz, Goldfarbe

Im Garten blühen **rote** Rosen,
die Kinder tragen **blaue** Hosen.

Die **gelbe** Sonne scheint vom **blauen** Himmel,
St. Martin kommt auf einem **weißen** Schimmel.

Grün ist der Apfel, **rot** die Kirsche, und **gelb** ist die Banane,
im Garten weht die **schwarz-rot-gold'ne** Deutschlandfahne.

Uns're Oma backt heut **blauen** Pflaumenkuchen,
wir alle müssen den versuchen.

Ampeln mit **Rot**, **Gelb** und **Grün**, die stehn auf den Straßen,
grüne Frösche hüpfen auf dem **grünen** Rasen.

Schwarz-weiße Zebras fressen liebend gerne **grünes** Gras,
die **rot-schwarzen** Marienkäfer haben ihren Spaß.

Der **schwarze** Schornsteinfeger kommt zu uns ins Haus,
alle Farben rennen, dann ist die Geschichte aus.

Für die Großen im Kindergarten

Kinder lieben Geschichten wie diese, denn damit können sie ganz in die Welt der Fantasie eintauchen. Und fast wie nebenbei werden damit wichtige Basiskompetenzen für den Schulübertritt gefördert:
Motorik, Koordinations- und Wahrnehmungsfähigkeit, Sprache und Ausdruck, phonologische Bewusstheit, Vorstellungskraft und emotionale und soziale Kompetenz.

112 Seiten, S/W-Illustrationen
ISBN 978-3-7698-1913-7

Vorschulkind sein – das ist für Kindergartenkinder das Allertollste. Im Morgenkreis werden die Vorschulkinder bei Ihrer Lust gepackt, Rätsel zu lösen, zu philosophieren und sich intensiv mit Buchstaben, Formen, Mengen und Zahlen zu beschäftigen. Und zur Vertiefung gibt es für die gemeinsamen Vorschulstunden noch viele weitere Gestaltungsanregungen.

120 Seiten, S/W-Illustrationen
ISBN 978-3-7698-1965-6